Jean-Marie Paffenhoff

Die ENGEL DEINES LEBENS

Wie Du mit ihnen Kontakt aufnimmst

Aus dem Französischen
von
Mara Ordemann

//////////////// SILBERSCHNUR ////////////////

Orginaltitel: Les Anges de votre vie
© der Originalausgabe 1995 Jacques Grancher, Editeur

Alle Rechte – auch die des auszugsweisen Nachdrucks, der fotomechanischen Wiedergabe, der Übersetzung und der Einspeicherung und Verarbeitung in elektronischen Systemen – vorbehalten.

© der deutschen Ausgabe Verlag „Die Silberschnur" GmbH

ISBN 3-931 652-17-3

1. Auflage 1997
2. Auflage 1998
Aus dem Französischen übersetzt von Mara Ordemann, Neuwied

Coverbild: Peter Dorn, Wenden
Covergestaltung: dtp XPresentation, Boppard
Printed in Hungary

Verlag „Die Silberschur" GmbH · Steinstraße 1 · D-56593 Güllesheim

„Viel schärfer als das Schwert

ist mein Geist"

Inschrift an der Synagoge zu Straßburg

Hinweis für unsere Leserinnen und Leser

In diesem Buch habe ich die Namen der Engel in hebräischen Buchstaben geschrieben und jedem der Buchstaben eine Zahl zugeordnet, um eine energetische und symbolische Untersuchung zu ermöglichen.

Genausowenig wie es notwendig ist, Komponist zu sein, um ein musikalisches Werk zu schätzen, noch Maler, um ein Bild zu bewundern, muß man die hebräische Sprache weder studieren noch sprechen, um sich auf die hebräischen Buchstaben einzustimmen und ein Gespür für ihre Energien und Möglichkeiten zu entwickeln.

Wichtig allein sind der Wille und der Wunsch, sich auf diese jahrtausende-alten Buchstaben einzulassen. Eine grammatikalische oder mathematische Studie wäre nicht der richtige Weg und würde sich vom Zweck dieses Buches und der Botschaft, die ich Ihnen hier übermitteln möchte, weit entfernen.

Lassen Sie sich daher nicht von den Buchstaben, die zweifellos auf Sie geheimnisvoll und fremd wirken, entmutigen, sondern machen Sie sich die Energie zunutze, die sich in den jeweiligen Buchstaben als Brennpunkt sammelt - indem Sie sie als wertvolle Hilfe auf Ihrem Weg durchs Leben erkennen.

Inhalt

Einführende Worte 4
Hinweise / Vorwort / Einleitung 8

I ENGEL - DIE BOTEN GOTTES 13

1 Die Existenz der Engel 15
Eine Frage des Glaubens? 15
Engel in Zeitaltern und Kulturen 16
Die Engel in der jüdisch-christlichen Tradition 16
Das Alte Testament 16
Das Neue Testament 20
Die Engel im Leben der Heiligen 21
Engel und die christliche Kirche 22

2 Engel und die Kabbala 23
Die Entdeckung der Engel 23
Die Engelhierarchie in der jüdisch-kabbalistischen Tradition 25
Engel in der christlichen Kabbala 26
Engelhierarchien in der christlich-kabbalistischen Tradition 26

3 Unsere Schutzengel 29
Wer sind unsere göttlichen Beschützer? 29
Wie kann ich sie rufen? 29
An welchen Engel soll ich mich wenden? 31
Wie können wir unsere Lebensengel kontaktieren? 32
Die Aufgaben der Engel 35

4 Die magischen Siegel und der Engelsschutz 37
Das Siegel Ihres Schutzengels 38
Siegel für alle drei schützenden Engel 39
Zur Einstimmung auf Ihre individuelle Schutzenergie 40
Ihre persönlichen, symbolisierten Schutzenergien 41

II DIE ENGELHIERARCHIEN 43

5 Die Charakteristik unserer Schutzengel 45
Die verschiedenen Engelschwingungen 45
Die Engelchöre: Seraphim, Cherubim, Throne, Herrschaften,
Kräfte, Gewalten, Fürstentümer, Erzengel und Engel 47
Einige Tabellen zur Hilfe 157

III DIE OFFENBARUNGEN DER BIBEL 167

6 Ist die Bibel das Buch unseres Lebens? 169
Ein Text mit vielfältigen Interpretationen 169
Die traditionellen Methoden der Entschlüsselung 170
Die moderne Dechiffrierung der Tora 172

IV DIE KABBALA 179

7 Der Königsweg der Selbstverwirklichung 181
Was ist die Kabbala? 181
Die Ursprünge der Kabbala 182
Wie bedient man sich der Kabbala? 182
Die Hauptwerke der Kabbala 183
Das hebräische Alphabet 184
Der Baum des Lebens 184

8 Kabbala und energetische Heilbehandlung 199
Die zehn energetischen Zentren 199
Die zweiundzwanzig energetischen Pfade 202
Die Diagnose der energetischen Zentren 202
Die energetischen Therapien 202
Die Kabbala und die Behandlung über die Chakren 204

9 Kabbala und Psychologie — 207
Die zehn psychologischen Profile 207
Schutzengelhilfe bei psychologischen Problemen 209
Die Lösungen der Kabbala 210

10 Kabbala und Meditation — 213
Meditation auf den Baum des Lebens 213
Meditation auf die drei oberen Sefirot 214
Meditation auf eine Sefira 214
Die Tserouf-Methode 215

11 Die Kabbala und die Sterne — 219
Beispiele 224

12 Das hebräische Alphabet — 223
Die drei Mutterbuchstaben 223
Die sieben Doppelbuchstaben 223
Die zwölf einfachen Buchstaben 224
Die hebräischen Zeichen und der Menschenkörper 224
Meditation über die hebräischen Schriftzeichen 225
Die hebräischen Zeichen und die zugehörigen Engel 226
Die hebräischen Zeichen und Träume 226
Die Definition der 22 hebräischen Buchstaben 229

13 Das göttliche Tetragramm — 275
Die Handschrift Gottes 277

14 Kabbala und Reinkarnation — 279
Die Gilgoul-Theorie 279

15 Die Kabbala und die Sekten — 281
Die Erfahrungen der Kabbalisten 281
Die Antwort der Kabbalisten 282

Konklusion, Glossar, Bibliographie, Danksagungen 283

„Deine Andersartigkeit, mein Freund, ist weit davon entfernt, mich zu stören - im Gegenteil: Sie bereichert mich!"

ANTOINE DE SAINT EXUPERY

Vorwort zur deutschen Ausgabe

Meine Vorfahren haben Remscheid um das Jahr 1920 verlassen und sich in Molsheim / Elsaß niedergelassen. Daher widme ich dieses Werk meinen Vorfahren und allen Opfern, die - unter welcher Fahne auch immer - ihr Leben auf dem Schlachtfeld gelassen haben. Möge dieses Buch dazu beitragen, den Menschen klarzumachen, wie sinnlos Kriege zwischen Brüdern und Schwestern sind, damit es in Zukunft solche Kriege nicht mehr geben kann. Und mögen die Engel uns helfen, ein Europa des Friedens, der Liebe und der Brüderlichkeit zu schaffen in einer Welt gegenseitiger Achtung und harmonischen Miteinanders. Möge unseren Kindern das Leid, der Kummer und die Trauer erspart bleiben, die unsere Eltern haben erdulden müssen.

Dieses Buch ist außerdem meiner Familie und meinen Freunden in Deutschland, Frankreich und überall auf der Welt gewidmet.

Dr. Jean-Marie Paffenhoff

Einleitung

Seit einigen Jahren erfahren wir immer häufiger und immer mehr von Kontakten mit den Wesen, die die feinstofflichen Ebenen in unserer unmittelbaren Umgebung bevölkern - dem Jenseits. Zahlreiche Menschen, die dort gewesen sind, berichten von Lebenserfahrungen nach dem Tod - den sogenannten Nah-Tod-Erlebnissen (NTE). Immer öfter kommt es zu Phänomenen wie automatisches Schreiben. Dabei werden Botschaften von Wesen übermittelt, die unsere physische Welt verlassen haben. Kein Tag vergeht, an dem Menschen nicht unerklärliche, übernatürliche Erlebnisse gehabt haben. Und es werden immer mehr!
Filme und Berichte in Radio und Fernsehen zu diesem Thema nehmen zu. Fachzeitschriften zu Themen des Übernatürlichen verzeichnen steigende Auflagen ...
Um allerdings vollständig davon überzeugt zu sein, daß es jenseits der materiellen Welt, in der wir uns tagtäglich bewegen, noch „etwas anderes" gibt, muß es für die meisten Menschen erst zu einem außergewöhnlichen Ereignis kommen, das ihre Vorbehalte zu diesem Thema zerstreut.
Mir ist es nicht anders ergangen. Eines Nachts war ich übermüdet am Steuer meines Wagens eingenickt, als ich plötzlich ein Gesicht vor der Windschutzscheibe sah. Sofort war mir klar, daß es mich warnen und beschützen wollte.
Zwei weitere unerklärliche Dinge geschahen kurz danach: Das erste war eine Rückführung, die von einem medizinischen Kollegen organisiert worden war, also eine Regression in meine eigene Vergangenheit im Zustand tiefer Entspannung. Während dieser Sitzung sah ich einen weiß gekleideten alten Mann mit Bart und schneeweißen Haaren, der mir folgende Botschaft übermittelte: „Liebe. Glaube. Vertrauen."... Das zweite Erlebnis hatte ich ebenfalls im Rahmen einer Entspannungssitzung. Ich sah denselben Greis, der kurz danach dem Bild einer wundervollen Goldkrone Platz machte. Ich begriff, daß ich soeben Keter visualisiert hatte, die erste Sefira des Lebensbaums der kabbalistischen Tradition in der Form ihres Archetyps - des Greises - und ihres Symbols - der Goldkrone.

Wissenschaftliche und medizinische Studien hatten meinen Geist geschult, und so war ich in der Lage, die Bedeutung dieser Demonstration, ihres Gedankenganges und des Erlebnisses als solches zu begreifen. Ein neuer Weg hatte sich für mich aufgetan. Es waren die Wege der Kabbala, der Einweihungstradition des Westens, der jüdisch-christlichen Tradition, die bisher den Eingeweihten vorbehalten gewesen war, jetzt jedoch, dank des neuen Geistes des Wassermann-Zeitalters, all jenen zugänglich sein wird, die sich ihr öffnen.

In diesem Buch habe ich den Ursprung der Kabbala beschrieben und zitiere die wichtigsten kabbalistischen Autoren und ihre Werke. Ich werde mich außerdem mit dem wichtigsten Teil der Kabbala beschäftigen - ihren Anwendungen im Dienste der Menschheit - und vor allem mit einem Thema, das mir besonders am Herzen liegt: den Schutzengeln.

Haben Sie gewußt, daß die Kabbala jedem von uns drei Schutzengel zuweist? Die meisten unserer Mitmenschen leben und sterben, ohne je etwas von der Existenz dieser Wesen ahnen, deren Aufgabe es ist, uns auf unserem Weg der Selbstverwirklichung zu begleiten.

Daher scheint es mir sehr wichtig, die Beziehungen zu untersuchen und zu beschreiben, die die Engel in der jüdisch-christlichen und kabbalistischenTradition den Menschen überliefert haben. Diese Traditionen, so alt wie die jüdisch-christliche selbst, bilden nicht nur einen Teil unserer Kultur, sondern können auch als kostbares Werkzeug genutzt werden, um mit der Welt unserer Tage besser klarzukommen.

J.-M. P.

Liebe unbekannte Leserin!
Lieber unbekannter Leser!

Ich möchte, daß dieses Buch für Sie, oder für denjenigen, dem Sie es anvertrauen, zum persönlichen und kostbaren Ratgeber wird, und empfehle Ihnen deshalb, es mit den Eintragungen auf der nächsten Seite zu versehen und ihm auf diese Weise eine persönliche Note zu geben. Um diesen „Engel-Paß" richtig ausfüllen zu können, sollten Sie jedoch zuerst die ersten beiden Kapitel dieses Buches durchlesen.

Die Kalligraphie der drei Engelnamen in Hebräisch ist nicht einfach, aber wenn Sie die Buchstaben sorgfältig und liebevoll auf Ihre persönliche Seite übertragen, wird sich die Energie der drei Schutzengel manifestieren und Ihre Schwingungsrate erhöhen.

Sie machen dieses Buch damit sozusagen zu Ihrem „Eigentum". Aber nicht nur das: Dieser „Paß" dient sozusagen als „Ticket" für die beabsichtigte Reise in das Reich der Engel, um mit ihren schützenden und helfenden Energien schneller in Verbindung treten zu können.

Wenn Sie sich Ihren individuellen „Engel-Paß" ausstellen, müssen Sie nicht erst jedesmal im Buch blättern und die für Sie persönlich wichtigen Einzelheiten mühsam zusammensuchen.

NAME: ....
TAG UND MONAT DER GEBURT: ....
GEBURTSZEIT: ....
(nach der Sonnenzeit, siehe Tabellen ab Seite 156)

Physischer Schutzengel: ....

Nr. In hebräischen Buchstaben:

Farbe: ....
Erzengelfürst: ....
Duftmischung: ....
Planetenenergie: ....

Emotionaler Schutzengel: ....

Nr. In hebräischen Buchstaben:

Farbe: ....
Erzengelfürst: ....
Duftmischung: ....
Planetenenergie: ....

Spiritueller Schutzengel: ....

Nr. In hebräischen Buchstaben:

Farbe: ....
Erzengelfürst: ....
Duftmischung: ....
Planetenenergie: ....

I
Engel - Die Boten Gottes

„Wir haben alle einen Schutzengel, treuen Hüter, Freund des Alltags, dessen Flamme uns schützt und uns am Leben hält."

LAMOTTE

1
Die Existenz der Engel

In einer Zeit, in der die Wissenschaft versucht, alles mit dem Verstand zu erklären, wird der Glaube an Engel von vielen mit einem mitleidigen Lächeln abgetan. Menschen, die dem Spott trotzen und es wagen, in Gesellschaft zuzugeben, daß sie Kontakt zu ihrem Schutzengel haben, bilden eine Ausnahme, auch wenn Sie daran zweifeln mögen ...
In den Augenblicken tiefsten Schmerzes aber können wir uns auf die treue Hilfe unserer Engel verlassen, allerdings müssen wir dazu wissen, wie wir sie erreichen können, und daß es eines der Grundgesetze in der Welt des Lichts ist, daß Engel nicht ohne unsere Zustimmung eingreifen dürfen.

Eine Frage des Glaubens?

Als Beispiel dafür, welche Zweifel uns überkommen können, hier die allegorische Darstellung einer Begegnung zwischen einem Mann und seinem Schutzengel:
Während seines ganzen Lebens hatte der Mann die Hilfe seines Engels erfahren und oft den Beweis seiner Existenz erhalten. Als er eines Tages an einem Strand spazierenging, manifestierte sich die Gegenwart seines Schutzengels durch eine Reihe von Fußabdrücken im Sand, parallel zu seinen eigenen. Nach seinem Tod fand er sich seinem Schutzengel gegenüber und machte ihm bittere Vorwürfe: „In der schwierigsten Zeit meines Lebens hast du mich verlassen, wie alle auf der Erde! Damals habe ich nur deine Fußabdrücke neben den meinigen gesehen, als ich über den Sand schritt." „Oh nein", antwortete der Engel, „damals habe ich dich in meinen Armen getragen, um dich vor den härtesten Schlägen zu schützen, und es waren meine Abdrücke, die du im Sand gesehen hast und nicht die deinigen."
Lassen Sie uns also nicht länger zweifeln, und, vor allem, lassen Sie uns nicht länger zögern, unsere Schutzengel in den schlimmsten Zeiten unseres Lebens um Hilfe anzurufen. Sie sind hier, um uns in jedem Augenblick unseres Lebens zur Seite zu stehen.

Engel in Zeitaltern und Kulturen

Berichte von übernatürlichen Wesen, die mit Eingeweihten Verbindung haben - Priestern, Magiern, Schamanen -, finden sich in den meisten Traditionen des Ostens und Westens. Oft sind es geflügelte Wesen in Gestalt eines Menschen oder halb Mensch, halb Tier, denen besondere Kräfte zugesprochen werden - gute oder schlechte - und die Fähigkeit, den Göttern Botschaften zu übermitteln.
In der keltischen Tradition zum Beispiel nahmen die Boten des Himmels sehr oft die Gestalt von Schwänen an, deren große weiße Flügel noch heute die Rücken der Engel der christlichen Tradition zieren.
Der Glaube an Engel, wie er im Christentum praktiziert wird, ist ein Erbe der judäischen Überlieferung, die, wie man glaubt, auf den Zoroastrismus, die Religion der alten Perser, zurückgeht. Wir sehen also: Engel sind seit jeher Begleiter des Menschen gewesen.

Die Engel in der jüdisch-christlichen Tradition

Die Engel tauchen bereits in den ältesten jüdisch-christlichen Texten auf. Zu Beginn sind sie keine Einzelwesen gewesen. Erst seit dem Exil in Babylon (6. Jahrhundert v.Chr.) werden die wichtigsten Engel - Michael, Gabriel und Raphael - mit Namen genannt und beschrieben.
In den heiligen Texten der Bibel sind Engel die Boten Gottes, die für Ihn Aufgaben des Schutzes und der Übermittlung von Botschaften übernehmen, die Seine Gebote erfüllen, Seine Gesetze einhalten, Seine Strafen ausführen und den Zusammenhalt und den Lauf der Gestirne sichern.
Die Kabbala hat sich intensiv mit den Engeln und ihren Aufgaben beschäftigt, und in einem bestimmten Bereich mit der Anrufung der Engel, die ihren Höhepunkt im 19. Jahrhundert fand. Bereits im 5. Jahrhundert entwickelte Dionysius Aeropagita einen Katalog von drei Hierarchien mit jeweils drei Chören zu acht Engeln. Auf diese Ordnung bezieht man sich noch heute. Jeder von uns besitzt seither innerhalb der 72 Traditionsengel drei Schutzengel, die ihm persönlich zugeteilt sind.

Das Alte Testament

Die Engel sind von der Genesis an im Alten Testament sehr präsent. Sie sind die privilegierten Mittler zwischen Gott und den Menschen, und ihr

Äußeres unterscheidet sich oft stark von den Vorstellungen des Volkes: rosige Wangen, Putten mit flauschigen Flügeln ... Statt dessen werden diese mächtigen Wesen als beeindruckende Erscheinungen beschrieben, die die Autorität Gottes ausstrahlen, ohne Zögern handeln und mächtige Mittel einsetzen: Die Cherubim schwingen ein Flammenschwert, mit dem sie den Eingang zum irdischen Paradies verteidigen, nachdem Adam und Eva daraus vertrieben worden sind (GEN 3, 24); der Seher Bileam, den Balak, der König von Moab, geschickt hatte, um die Israeliten zu verfluchen, wird von einem Engel aufgehalten, der ihm mit einem gezückten Schwert entgegentritt (NOM 22, 22-35). Oder ein Engel mit einer „furchterregenden Erscheinung" und einem „wunderbaren Namen", der der unfruchtbaren Frau des Manoach die Geburt seines Sohnes Simson verkündet (RI 13, 2-22).

Manchmal nehmen sie menschliches Aussehen an, damit man sie nicht erkennt. So manifestieren sie sich auch im Leben der Patriarchen: Im Hain Mamres teilt Abraham seine Nahrung mit drei Engeln in menschlicher Gestalt (GEN 18, 2-9). Eines der drei himmlischen Wesen kündigt dem alternden Abraham die Geburt seines Sohnes Isaak an (GEN 18, 10).

Es kommt auch vor, daß die Engel eine symbolische Gestalt annehmen. Derartige Erscheinungen ziehen sich zum Beispiel durch das Leben von Mose: Auf dem Berg Horeb erscheint ihm der Engel in Form eines brennenden Dornbusches (EX 3, 2). Während des Auszugs aus Ägypten verwandelt sich der Engel, der die Kinder Israels führt, in eine Wolkensäule und stellt sich zwischen diese und ihre Feinde; auf ägyptischer Seite läßt er Dunkelheit niedersinken und auf der anderen Seite Licht (EX 14, 19-20). Von dieser wichtigen Passage der Bibel leiten die Kabbalisten die Namen der 72 Schutzengel her. Manchmal sind die Engelwesen so schön, daß sie menschliches Begehren wecken, wie die zwei Engel, die nach Sodom und Gomorra geschickt werden, um Lot und seine Familie vor der göttlichen Rache zu retten. Von den Einwohnern von Sodom in die Enge getrieben, müssen sie diese blenden, um ihnen zu entgehen (GEN 19, 1-20).

All diese göttlichen Wesen sprechen mit der Stimme Gottes und sind Mittler zwischen ihm und den Menschen. Und so ist es ein Engel, der das Leben Isaaks rettet, indem er Abrahams Arm zurückhält, der bereit ist, seinem Sohn die Kehle für das Brandopfer durchzuschneiden (GEN 22, 1-18).

Jahwe erlaubt, daß ein Engel die Schritte und die Wahl des Dieners von Abraham überwacht, der sich auf den Weg gemacht hat, um eine Frau für Isaak zu finden (GEN 24, 7 und 40).

Und wieder sind es Engel, die Jakob im Traum erscheinen und eine Leiter hinauf- und hinuntersteigen, an deren oberem Ende der Herr steht (GEN 28, 12-13)...
Nach dem Exil zu Babylon und unter dem Einfluß der assyrischen Kultur, deren Tempel von geflügelten Hütern flankiert waren, wurden die Engel individualisiert und in eine bestimmte Ordnung gebracht, damit sie beschrieben und benannt werden konnten: Jesaia beschrieb die Seraphim als die „Brennenden", deren Aufgabe es ist, Sünden zu verzehren. Sie stehen vor dem Thron des Herrn und lobpreisen ihn mit einer Stimme, die die Türschwellen zum Beben bringt. All diese Wesen haben sechs Flügel:

„... mit zwei Flügeln bedeckten sie ihr Gesicht, mit zweien ihre Füße, und mit zweien flogen sie." (JES 6, 2-3)*

Ezechiel steht vier Cherubim gegenüber, die vier Gesichter und vier Flügel haben, und deren Aussehen schrecklich ist:

„... sie glänzten wie glatte, blinkende Bronze. Unter den Flügeln an ihren vier Seiten hatten sie Menschenhände ... und ihre Gesichter sahen so aus: jeweils ein Menschengesicht nach vorn, ein Löwengesicht nach rechts, ein Stiergesicht nach links und ein Adlergesicht nach hinten ... Ihre Flügel waren nach oben ausgespannt. Mit zwei Flügeln berührten sie einander, und mit zweien bedeckten sie ihren Leib.
Zwischen diesen Lebewesen war etwas wie Fackeln oder glühender Kohle, die hin und herzuckten. Das Feuer gab einen hellen Schein, und aus dem Feuer zuckten Blitze ... Ich hörte das Rauschen ihrer Flügel, als sie sich bewegten, und es war wie das Rauschen gewaltiger Wassermassen, wie die Stimme des Allmächtigen, und das tosende Rauschen glich dem Lärm eines Heerlagers." (EZ 1, 5-25).

Gabriel, Michael und **Raphael** werden als die drei wichtigsten Engel der Hierarchien beschrieben. Gabriel - die Kraft Gottes - ist ein Bote, der Daniel den Sinn seiner Visionen erklärt (DAN 9, 21-22). Michael - der ist wie Gott - ist der Chef der himmlischen Legionen. Nachfolgend eine Beschreibung seines Äußeren:

---

* Sämtliche Bibelzitate stammen aus „Die Bibel oder die ganze Heilige Schrift des Alten und Neuen Testaments", nach der deutschen Übersetzung von Martin Luther.

Erzengel Gabriel

"... ein Mann in Leinen gekleidet, einen Gürtel aus feinstem Gold um die Hüften. Sein Körper glich einem Chrysolith, sein Gesicht leuchtete wie ein Blitz, und die Augen waren wie brennende Fackeln, seine Arme und Beine glänzten wie polierte Bronze, und seine Worte waren wie das Getöse einer großen Menschenmenge." (DAN 10, 5-6).

Er erzählt Daniel die Geschichte der Königreiche der Perser und Meder. Raphael - Gott heilt - ist ein heilender Engel, voller Sanftmut und Herzlichkeit. Wie man sieht, sind die Engel des Alten Testaments beeindruckende Wesen, mit Kräften versehen, die ihnen Gott selbst verliehen hat und denen niemand zu widerstehen wagt.

Das Neue Testament

Auch hier finden sich zahlreiche Engelerscheinungen. Man könnte fast sagen, in der Zeit um die Geburt Christi ist ihre Zahl unendlich groß ... Die Aufgabe der himmlischen Wesen ist es vor allem, die Botschaften Gottes zu den Menschen zu bringen, wenn diese im Zweifel oder in Unwissenheit sind. Hier einige Beispiele: Gabriel, der Verkündungsengel, übermittelt dem unfruchtbaren Weib von Zacharias die Geburt ihres Sohnes, Johannes des Täufers (LK 1, 11-20). Weil Zacharias dem Engel nicht glaubt, macht ihn Gabriel stumm, bis das Kind geboren ist. Gabriel tritt immer in Gestalt eines kräftigen Mannes auf, schön und rein. Er verkündet Maria, daß sie Mutter werden wird, ohne empfangen zu haben (LK 1, 26-38). In dieser schwierigen Situation sind es auch die Engel, die Joseph auf Jesu Empfängnis vorbereiten und ihn davon überzeugen, daß Maria immer noch Jungfrau ist (MT 1, 20-24). Ein Engel führt die Hirten nach der Geburt Jesu zur Krippe. Eine himmlische Heerschaar folgt ihnen, Gott lobpreisend (LK 2, 9-15). Als das Leben Jesu durch Herodes bedroht wird, warnt ein Engel Joseph im Traum und rät ihm, nach Ägypten zu fliehen, und er erfährt auf die gleiche Weise, daß die Gefahr vorbei ist und er nach Israel zurückkehren kann (MT 2, 13-20). Dem erwachsenen Jesus dienen die Engel in der Wüste, während er vierzig Tage fastet (MK 1, 13). Als Jesus im Garten Gethsemane leidet und das Ende nahen fühlt, erscheint ein Engel, um ihm neue Kraft zu geben (LK 22, 43). Nachdem Jesus in sein Grab gelegt worden war, begeben sich die heiligen Frauen zum Grab. Hier weichen die Aussagen der Evangelisten voneinander ab: Die einen sehen einen Engel, dessen Gestalt wie ein Blitz

leuchtet und dessen Gewand weiß wie Schnee ist (MT 28, 2-7), andere berichten von zwei Engeln, die auf dem Stein sitzen, unter dem Jesus ruht, einer an seinem Kopf und einer ihm zu Füßen. Sie fragen Maria Magdalena, warum sie weint, und kündigen ihr die Auferstehung an (JOH 20, 11-13 und LK 24, 4-7). Ein anderer Engel tröstet die Frauen (MR 16, 5-8). Und wieder sind es Engel in weißem Gewand, die nach der Auferstehung den Jüngern versprechen, daß Jesus zurückkommen wird (APG 1, 10-11). Schließlich werden die Apostel, von den Sadduzäern ins Gefängnis geworfen, von einem Engel befreit, der die Tür ihres Gefängnisses entriegelt, damit sie fortgehen und Gottes Wort predigen können (APG 5, 19-20).
In der Offenbarung des Johannes treten Engel in Hülle und Fülle auf. Hier einer von ihnen, wie ihn der Evangelist beschreibt:

„ Und ich sah einen andern starken Engel vom Himmel herabkommen; der war mit einer Wolke bekleidet, und ein Regenbogen auf seinem Haupt und sein Antlitz wie die Sonne, und seine Füße wie Feuerpfeiler; und er hatte in seiner Hand ein Büchlein aufgethan, und er setzte seinen rechten Fuß auf das Meer und den linken auf die Erde ..." (OFFB 10-12)

Diese ausgewählten Beispiele stellen bei weitem nicht alle Erscheinungen und Begebenheiten dar, bei denen Engel im Neuen Testament eine Rolle spielen ... Auch dort sind sie unverzichtbare Mittler zwischen Gott und den Menschen.

Engel im Leben der Heiligen

Obwohl eine Erscheinung des Altertums, begleiten die Engel auch bedeutende geschichtliche Persönlichkeiten durch die Jahrhunderte. Das Leben der Heiligen ist reich an Zeugnissen von Kontakten mit Engeln - durch die gesamte Geschichte der Christenheit hindurch. Zum Beispiel hilft ein Engel Thomas von Aquin gegen die Versuchung des Fleisches zu kämpfen; eine Schar Engel bringt dem hl. Dominikus und den Dominikanern Brot; die heilige Johanna von Orleans behauptet, während ihres Martyriums Michael und andere Engel gesehen zu haben; der hl. Ambrosius wird während der Predigt von einem Engel inspiriert; der hl. Gregor sieht, wie ein Engel, der die Pest besiegt hat, ein blutendes Schwert in die Scheide steckt; der hl. Theodor empfängt am Vorabend seines Martyriums im Gefängnis den Besuch von Engeln; der hl. Franziskus sieht im Laufe seines Lebens mehrmals Engelserscheinungen - und so weiter.

Engel und die christliche Kirche

Gewisse Kirchenväter sehen in den Engeln eine symbolische Darstellung der Kräfte der Natur wie zum Beispiel im Buch Henoch. So bestätigt Origenes (um 185 - 252), daß Engel bei der Geburt von Tieren und beim Wachstum der Pflanzen bestimmte Aufgaben haben und daß sie auch in das Leben der Menschen eingreifen können. Epiphanius (315 - 403) beschreibt die Engel als Wesen des Donners, der Blitze, der Kälte, der Hitze ... Aber seit dem hl. Basilius und dem hl. Gregorius (4. Jahrhundert) erkennt die Kirche Engel nur noch als Schutzpatrone von Städten, Nationen und Menschen an.

Die Institution der christlichen Kirche hat lange im Kult der Engel eine gefährliche Wiedergeburt des alten Polytheismus gesehen und diese Entwicklung voller Argwohn bekämpft. Erst beim Konzil von Reims 1853 hat die Kirche die Rolle der Schutzengel wieder anerkannt und feiert seitdem den 2. Oktober als ihren Festtag. Heute werden Sie in Ihrem Kalender unter dem 2. Oktober vergebens nach den Engeln suchen, es ist der Tag des Festes des hl. Jakob und des hl. Liutgart. Wer also würde noch daran denken, die Engel an diesem Tag besonders zu ehren ... außer den Kabbalisten?

Seit die Eltern und die christlichen Religionslehrer ihren Kindern nicht mehr von der Existenz ihrer Schutzengel erzählen, scheint es, als seien sie der Vergessenheit geweiht. Somit sind die Engel die größten Opfer unserer jüdisch-christlichen Tradition, die sie als naive Symbole der Kommunikation zwischen Gott und den Menschen ansieht, oder, noch schlimmer, sie für ein nutzloses Produkt des Aberglaubens hält. Dennoch sind sie real und Teil unseres Lebens, und sie möchten nichts anderes, als die Chance, sich manifestieren zu dürfen.

2
Engel und die Kabbala

Die heilige Tradition der Kabbala ist eine der ältesten Überlieferungen der Welt, die Adam, dem ersten Menschen, durch den Engel Raziel übermittelt wurde. Die jüdisch-christliche Angelologie (Lehre von den Engeln) hat ihren Ursprung größtenteils in den Lehren der Kabbala.

Die Entdeckung der Engel

Die Kabbalisten haben seit jeher in der Tora einen verborgenen Sinn gefunden und sich bemüht, sie zu entschlüsseln (siehe Kapitel 7). Die Tora besteht aus den ersten fünf Büchern der Bibel, dem Pentateuch der christlichen Tradition. Die in der Tora beschriebenen Engel gehören zahlreichen Heerscharen an. Die Kabbalisten, neugierig darauf, möglichst viel von diesen Wesen zu erfahren, die mit gewissen Kräften Gottes ausgestattet sind, haben die Tora unter strengster Geheimhaltung untersucht. So haben einige von ihnen die Namen der zweiundsiebzig Engel entdeckt, die uns als Helfer zur Seite stehen. Ihre Namen waren in der Passage des Exodus versteckt, die der Durchquerung des Roten Meeres durch das von den Ägyptern verfolgte hebräische Volk vorangeht (EX 14, 19-21).
Dieser Abschnitt besteht aus drei Bibelversen mit jeweils zweiundsiebzig Buchstaben. Indem man einen Buchstaben aus jedem Vers nimmt und ihn mit einem Buchstaben der beiden anderen Versen verbindet, erhält man den Wortstamm des Namens der zweiundsiebzig Engel der himmlischen Hierarchie. Dann hängt man die Nachsilbe -el an, das gibt dem Namen eine positiv ausgedrückte Polarität, wo hingegen die Nachsilbe -iah eine latent negative Polarität bedeutet. Diese gegensätzlichen und komplementären Polaritäten können mit dem Yin und Yang des chinesischen Tao verglichen werden. Die Technik der Buchstabenverteilung wird Notarikon genannt (Kapitel 6).

Nachstehend einige Beispiele, wie sie funktioniert (die hebräische Schrift ist von rechts nach links zu lesen):

Vers 19: ויסעמלאךהאלהיםההלךלפנימחנהישראלוילך
מאחריהםויסע עמודהענןמפניהםויעמד
מאחריהם

„Der Bote Gottes, der den Zug der Israeliten anführte, erhob sich und ging an das Ende des Zuges, und die Wolkensäule vor ihnen erhob sich und trat an das Ende."

Vers 20: ויבאבינמחנהמצרים וביןמחנהישראלויהי
הענןוהחשךויאראתהלילהולאקרבזה
אלזהכלהלילה

„Sie kam zwischen das Lager der Ägypter und das Lager der Israeliten. Für die einen gab es Wolken und Finsterheit, für die anderen war die Nacht hell erleuchtet; und die ganze Nacht kamen sie einander nicht näher."

Vers 21: ויטמשהאתידועלהימסויולך יהוה אתהים
ברוחקדיםעזהכלהלילהויושםאתהים
לחרבהויבקעוהמים

„Mose streckte seine Hand über das Meer aus, und der Herr trieb die ganze Nacht das Meer durch einen starken Ostwind fort, er ließ das Meer austrocknen, und die Wasser wurden geteilt."

BEISPIELE:

• Erster Engel: **VEHUIAH:** והויה
Erster Buchstabe von Vers 19: ו
Zweiundsiebzigster Buchstabe von Vers 20: ה
Erster Buchstabe von Vers 21: ו
Man fügt die Endsilbe **-iah** hinzu: יה

• Zweiter Engel: **YELIEL:** יליאל
Zweiter Buchstabe von Vers 19: י
Einundsiebzigster Buchstabe von Vers 20: ל
Zweiter Buchstabe von Vers 21: י
Man fügt die Nachsilbe **-el** hinzu: אל

• Zweiundsiebzigster Engel: **MUMIAH:** מומיה
Zweiundsiebzigster Buchstabe von Vers 19: מ
Erster Buchstabe von Vers 20: ו

Zweiundsiebzigster Buchstabe von Vers 21: מ
Man fügt die Nachsilbe -iah hinzu: יה

Die Engelhierarchie der jüdisch-kabbalistischen Tradition

Die Namen der zweiundsiebzig Engel wurden wie oben beschrieben bestimmt, dann teilte man sie in Hierarchien ein. Die ersten neun bestehen aus Engelwesen, die zehnte aus außergewöhnlichen Menschen:

1. Die **Hayoth ha Qodesh** (die heiligen Wesen) entwickeln die Lebenskraft der Schöpfung.

2. Die **Ofanim** (die sich drehenden Räder) bestimmen die Zyklen der Schöpfung und den Rhythmus der Zeit. Sie sind die Quelle von Gilgoul, dem Rad (Zyklus) der Inkarnationen.

3. Die **Erelim** (die Helden, die Mutigen) schützen und beleben das himmlische Jerusalem.

4. Die **Hashmalim** (die Blitze) reinigen die Unreinheiten.

5 Die **Seraphim** (die Brennenden) sühnen die Sünde.

6. Die **Malachim** (die Gesandten) helfen, das Bewußtsein zu erhöhen.

7. Die **Elohim-Malakielohim** (die Boten) reinigen das Mineralreich.

8. Die **Benielohim** (die Söhne Heloims) stehen für Tod und Geburt.

9. Die **Cherubim** (die Kindähnlichen) sind die Hüter der Schwelle.

10. Die **Ischim** (übernatürliche Menschen).

Nach der kabbalistischen Tradition ist die Anrufung der Engel sehr wirksam und machtvoll. Wenn es um Fragen wie Liebe oder persönliche Entwicklung geht oder wenn man etwas für die Umwelt tun möchte, braucht man sich nur an die Engel um Hilfe zu wenden. Mit einer negativen Absicht herbeigerufen, könnten sich jedoch die Kräfte, die durch die Anrufung der Schutzengel geschaffen wurden, gegen denjenigen wenden, der sie mißbräuchlich einsetzt.

Engel in der christlichen Kabbala

Zur Zeit der Renaissance setzte sich die Kabbala allmählich auch in den christlichen Kreisen Europas durch. Viele Juden, die gezwungen worden waren, zum Christentum zu konvertieren, praktizieren ihre Religion weiterhin im Geheimen; zu ihnen gehören auch die Kabbalisten. Die humanistischen Kreise, in denen die Adligen, Prälaten und reichen Kaufleute zusammenkommen, setzen sich sehr für die kabbalistische Tradition ein und werden so zu Mittlern für die Verbreitung der kabbalistischen Lehre. So verbreitet zum Beispiel Elie del Medigo (1460 - 1497), Arzt und Übersetzer, die Ideen der Kabbala in seiner christlichen Umgebung, und Paracelsus (1493 - 1541), Vater der hermetischen Medizin, sowie Wilhelm Postel (1510 - 1581), Humanist, in Europa.

Die christliche Bewegung, die weit davon entfernt ist, die Texte der Kabbala abzuschwächen, reichert sie mit ihren eigenen Reflexionen an. Johannes Reuchlin (1455 - 1522) fügt dem göttlichen Namen den Buchstaben Shin hinzu, um den Namen Jesu zu bilden; Ramon Lul (1235 - 1316) untersucht die Umstellung der Buchstaben im lateinischen Alphabet nach den Methoden, die die Kabbalisten bei der Tora angewandt haben; Cornelius Aggripa von Nettesheim (1486 - 1535) entwickelt gewisse Aspekte der praktischen Kabbala weiter und widmet sich dem Studium magischer Quadrate.

Die Kabbala nährt sich also im Laufe der Jahrhunderte vom christlichen Geist. Ihren Höhepunkt findet sie während der okkultistischen Bewegung des 18. und 19. Jahrhunderts, die Alchemie und praktische Kabbala miteinander verbindet. Martinès de Pasqually, Louis-Claude de Saint Martin, Antoine Fabre d'Olivet, Eliphas Lévi und Papus - der Arzt Gérard Encausse - entwickeln die Anfertigung und Verwendung von magischen Siegeln weiter und beschäftigen sich intensiv mit dem Studium der Engel.

Engelhierarchien der christlich-kabbalistischen Tradition

Die christlichen Kabbalisten kennen neun Engelchöre mit jeweils acht Engeln, über die ein Erzengelfürst regiert.

1. Die Seraphim

Die Seraphim entwickeln den freien Willen und reinigen von Sünde. Sie helfen uns, unser Schicksal innerhalb der kosmischen Gesetze zu erkennen.

2. Die Cherubim

Die Cherubim helfen uns bei der Suche nach einer günstigen Umgebung für unsere spirituelle Entwicklung. Den Menschen, die es wünschen, verhelfen sie zu Weisheit.

3. Die Throne

Die Throne helfen uns, den Sinn unserer Prüfungen zu verstehen und unsere Leiden zu überwinden.

4. Die Herrschaften

Die Herrschaften helfen uns, unsere Meinung, unsere Freude und unsere Güte zu entwickeln und Gnade zu verbreiten. Sie stärken das Vertrauen des Menschen in sich selbst, in andere und, nicht zuletzt, in Gott.

5. Die Kräfte

Die Kräfte sorgen für Gerechtigkeit und helfen uns, zu „Rittern ohne Furcht und Tadel" zu werden, wobei Angst mit der Zukunft und Schuldgefühle mit der Vergangenheit verbunden werden. Die Kräfte stärken uns, damit wir unsere Prüfungen bestehen.

6. Die Gewalten

Die Gewalten helfen uns, unsere wahre Identität zu entdecken, und tragen dazu bei, uns von äußeren Konditionierungen zu befreien und unseren freien Willen zu entwickeln.

7. Die Fürstentümer

Die Fürstentümer sensibilisieren uns für die Schönheiten der Welt und wecken und verstärken in uns die Macht der Liebe. Sie fördern den Ausgleich unserer sieben Hauptchakren (siehe Kapitel 8).

8. Die Erzengel

Die Erzengel helfen uns, in unserem Innern eine Synthese von Materie und Spiritualität zu erreichen, das Gute vom Schlechten zu unterscheiden und Zugang zum universellen Wissen des Kosmos zu finden.

9. Die Engel

Die Engel stehen uns auf unserem Weg der Realisation zur Seite. Sie enthüllen uns die geheimen Aspekte unseres Inneren, unsere Gaben und unsere Schatten. Sie herrschen über Leben und Tod.

In diesen neun Hierarchien finden sich unsere drei Schutzengel, für jeden verschiedene, die uns dabei helfen können, unser Schicksal zu realisieren. Die reichhaltige Tradition und die Angeologie der Kabbala können dem modernen Menschen bei den Prüfungen seines Lebens helfen und ihn auf den Weg des Fortschritts auf allen Ebenen führen: physisch, mental und spirituell.
Aber wie finden wir den Namen unserer Engel? Wie rufen wir sie an? Und: Haben wir überhaupt das Recht, sie um Hilfe zu bitten?...

3
Unsere Schutzengel

Drei Schutzengel - und nicht nur ein einziger - stehen uns von Geburt an zur Seite, um uns zu helfen und uns durch das Leben zu begleiten. Das ist das erste Geschenk Gottes an die Menschen, und was für ein kostbares!

Wer sind unsere göttlichen Beschützer?

Die Namen der Schutzengel lassen sich sehr leicht anhand des Geburtsdatums und der Geburtsstunde feststellen. In der Beschreibung der Engel (Seite 47 -154) finden Sie die Merkmale, mit deren Hilfe Sie die Namen Ihrer persönlichen Schutzengel bestimmen können. Eine Übersicht bieten die Tabellen mit den Zusammenfassungen (ab Seite 156), in denen Sie schnell nachschauen können.
Sie werden also drei Namen finden, die den drei geistigen Wesen entsprechen, die Ihnen im physischen, emotionalen und spirituellen Bereich zur Seite stehen.

Wie kann ich sie rufen?

Das hängt von dem Platz ab, den der Engel in Ihrer persönlichen Hierarchie dieser drei Schutzengel einnimmt.

Der physische Schutzengel

Wir können ihn bei allem anrufen, was mit den physischen Aspekten des Lebens zu tun hat - wegen körperlicher Gesundheit, finanzieller, rechtlicher, organisatorischer oder beruflicher Probleme, wegen verlorengegangener Gegenstände ...
Sie finden den Namen Ihres persönlichen Schutzengels der physischen Ebene anhand Ihres individuellen Geburtsdatums, denn jeder Schutzengel ist nur für fünf bestimmte aufeinanderfolgende Tage des Jahres zuständig.

BEISPIEL:

- Der Engel **Vehuiah** ist den Menschen geweiht, die zwischen dem 20. und 24. März geboren sind.
- Der Engel **Yeliel** schützt die Menschen, die zwischen dem 25. und 29. März geboren sind.

Der emotionale Schutzengel

Er steht uns bei unseren Beziehungen sowie für emotionale und gefühlsmäßige Dinge zur Verfügung. Man kann ihn bitten, Emotionen wie Wut, Haß, Angst, um nur einige zu nennen, besser beherrschen zu lernen oder Gefühle wie Mitgefühl, Zuneigung, Mitleid, die wir nicht zeigen können, auszudrücken, oder unsere Beziehungen auf der Gefühlsebene zu verbessern.

Auch den Namen dieses Engels finden Sie mit Hilfe Ihres Geburtsdatums, jedoch herrscht er nicht an mehreren aufeinanderfolgenden, sondern an fünf bestimmten Tagen des Jahres, die Sie unter den einzelnen Engelbeschreibungen finden; eine Ausnahme bilden die ersten fünf Engel, die für sechs Tage im Jahr zuständig sind.

BEISPIEL:

- Der Engel **Vehuiah** ist den Menschen gewidmet, die am 20. März, 31. Mai, 11. August, 22. Oktober, 2. Januar und 15. März geboren sind.
- Der Engel **Yeliel** schützt die Menschen, die am 21. März, 1. Juni, 12. August, 23. Oktober, 3. Januar und 16. März geboren sind.

Der spirituelle Schutzengel

Er hilft uns, uns auf spirituellem Gebiet weiterzuentwickeln, also die Qualität unserer Seele zu verfeinern und unser Bewußtsein zu erweitern.

Der Name unseres Schutzengels auf dem spirituellen Sektor ist schwerer herauszufinden. Sie finden ihn anhand Ihrer Geburtsstunde, umgerechnet in Sonnenzeit - achten Sie auf Sommerzeit und Winterzeit! Dazu können Sie die Tabelle am Ende dieses Kapitels zu Rate ziehen.

BEISPIEL:

- Der Engel **Vehuiah** ist für die Menschen zuständig, die zwischen 0:00 Uhr und 0:19 Uhr geboren sind.

• Der Engel **Yeliel** schützt Menschen, die zwischen 0:20 und 0:39 Uhr geboren sind.

An welchen Engel soll ich mich wenden?

Es ist durchaus möglich, einen ständigen Dialog mit Ihren drei Schutzengeln zu halten, um diesen Ihre Fragen, Wünsche, Hoffnungen jeglicher Art mitzuteilen und den richtigen Weg für die Durchführung Ihrer Aufgaben zu finden. Es gibt mehrere Möglichkeiten, mit Ihren Schutzengeln Kontakt aufzunehmen:

• Sie können sich an einen Ihrer drei Schutzengel wenden, wann immer Sie möchten, denn sie stehen Ihnen jederzeit zur Verfügung.

• Sie können zu einem bestimmten Augenblick Ihren physischen oder emotionalen Engel bitten, der für den laufenden Tag zuständig ist, oder Ihren spirituellen Engel, der für die entsprechenden zwanzig Minuten zuständig ist (umgerechnet in Sonnenzeit), in denen Sie Ihre Bitte aussprechen.

In diesem Fall handelt es sich nicht unbedingt um Ihren persönlichen Engel. Auch hier können Sie auf die detaillierten Engelbeschreibungen (ab Seite 47) zurückgreifen, um die Engel herauszufinden, die für den Tag und die Stunde Ihrer Bitte zuständig sind.

BEISPIEL:

• **17. September, 17:00 Uhr:** Die drei Schutzengel zu diesem Zeitpunkt sind:
Der 36. Engel **Menadel** auf der physischen Ebene,
der 38. Engel **Haamiah** auf der emotionalen Ebene,
der 46. Engel **Ariel** auf der spirituellen Ebene.

Vergessen Sie nicht, daß es am 17. September um 17:00 Uhr nach der Sonnenzeit entweder 16:00 Uhr bzw. bei Sommerzeit sogar erst 15:00 Uhr ist.

Sie können sich auch direkt an einen der zweiundsiebzig Schutzengel wenden, wenn die ihm zugewiesene Eigenschaft oder der Engelchor, dem er angehört, in Beziehung zu Ihrer Bitte steht.

BEISPIEL:

- Sie wählen einen Engel des Engelchors der **Throne**, der Ihnen bei Prüfungen und den entsprechenden Problemen hilft.

- Sie wählen einen Engel aus dem Engelchor der **Mächte**, um Ihre Persönlichkeit und Identität zu entwickeln.

- Sie rufen den 7. Engel **Achaiah** an, um Ihr Schicksal, Ihren Lebensweg zu verstehen, Ihre literarischen Fähigkeiten zu entwickeln oder die Geheimnisse der Natur zu entdecken.

Wie können wir unsere Lebensengel kontaktieren?

Es gibt mehrere Möglichkeiten, mit unseren Schutzengeln zu kommunizieren. Dabei ist es wichtig, daß Sie Ihren Glauben, Ihre Absicht, Ihre Zustimmung, Ihre Überzeugung hinsichtlich ihrer Wirkungskraft zum Ausdruck bringen ...
Es ist also unerläßlich zu lernen, unsere Wünsche zu verbalisieren, denn es ist eine unbestrittene Tatsache, daß die Schutzengel nur mit unserer ausdrücklichen Genehmigung intervenieren können. Das ist das Prinzip des freien Willens, das in der Welt des Lichtes regiert. Um Zugang zu den Kräften der Engel zu erhalten, können wir also:

- uns in spirituelle Harmonie mit ihnen bringen und sie um ihre Hilfe bitten,

- uns auf ihre Schwingung einstimmen und in geistige Harmonie mit ihnen bringen. Das wird die Intensität und Dauer ihres Handelns beträchtlich verstärken.

Spirituelle Harmonisierung

Wir sammeln uns einen Augenblick, konzentrieren uns und gehen in die Meditation, in der wir den Schutzengel mit seinem Namen ansprechen und die Ratschläge, Hilfen und Wünsche formulieren, deren Verwirklichung wir erbitten.

BEISPIEL:

Auf den Engel **Pahaliah** (20. Schutzengel) können wir uns spirituell einstellen, indem wir dreimal seinen Namen aussprechen und uns dann sammeln, um ihn zu bitten, uns vor Verleumdung zu schützen, Reizbarkeit und Empfindlichkeit zu meistern und Prüfungen zu bestehen.

Schwingungsmäßige Harmonisierung

Um dorthin zu gelangen, muß man sich mit den vier Welten harmonisieren, die von der Kabbala beschrieben werden, also den vier Ebenen, auf denen wir uns entwickeln können. Eine ausführliche Erklärung der Zusammensetzung dieser vier Welten finden Sie in meinem Buch: „Retrouvez la forme et la santé en découvrant les secrets cachés de la Kabbala" (Fit und gesund durch die Entdeckung der verborgenen Geheimnisse der Kabbala).
Hier eine kurze Beschreibung, wie Harmonisierung zu erreichen ist:

Die erste Welt: Azilut

Die Welt der Archetypen, des abstrakt Mentalen, der „Emanation".
Wir können uns auf das Schwingungsniveau dieser Welt einstimmen, indem wir die Farbe der Séfira (= Sphäre) visualisieren, auf der sich der Schutzengel befindet, mit dem wir Kontakt aufnehmen möchten.

Die zweite Welt: Briah

Die Welt der „Schöpfung", der geformten Gedanken, des mentalen Konkreten.
Um sich auf diese Ebene einzuschwingen, visualisiert oder spricht man dreimal den Namen des Erzengels aus, der hier herrscht und der Fürst des Engelchors ist, zu dem der Schutzengel gehört, mit dem man Verbindung aufnehmen möchte.
Sie finden die detaillierte Beschreibung der Erzengelfürsten, die jedem Engelchor vorstehen, zu Beginn der Beschreibung des betreffenden Engelchors.

Die dritte Welt: Jezirah

Die Welt der „Formung", des astralen Plans, der Emotionen.
Man stimmt sich auf die Schwingung dieser Welt ein, indem man eine Räuchermischung verbrennt, die zu 1/3 dem Engelchor und zu 2/3 dem Platz des Engels in diesem Chor entspricht.
Sie finden die Zusammensetzung auf der Seite mit der Beschreibung des betreffenden Engels.

Die vierte Welt: Assia

Die Welt der „Handlung", die physische Welt.
Sie erreichen diese Ebene, indem Sie Ihre Energien auf die beiden Planeten richten, die mit dem gewählten Engel verbunden sind. Dazu sprechen Sie dreimal den Namen dieser Planeten aus.
Die Namen finden Sie auf der Seite mit der Beschreibung des betreffenden Engels.

BEISPIEL:

Ein am **8. April 1953 um 13:10 Uhr** (12:10 Uhr Sonnenzeit) Geborener hätte folgende Schutzengel:

Auf der physischen Ebene **Elemiah**, der 4. Engel

• Bei finanziellen Problemen oder materiellen Schwierigkeiten konfrontiert, setzt man sich mit **Elemiah** in Verbindung, der dem Chor der **Seraphim** angehört.

• Man schwingt sich auf dessen Ebene ein, indem man sich die Farbe **Gold** vorstellt.

• Sodann begibt man sich auf die Schwingung des Erzengels der Seraphim, zu **Metatron Serpanim**.

• Sie verwenden Räucherwerk oder Öl aus **1/3 Oedipus* und 2/3 Muskat** (oder einen neutralen Duft).

• Mit den Energien von **Neptun** und **Mars** verbindet man sich, indem man dreimal ihren Namen nennt

• Um alles zu koordinieren, visualisieren Sie den Namen des zuständigen Engels in Hebräisch und bitten ihn um seine Hilfe.

Auf der emotionalen Ebene: **Pahaliah**, der 20. Engel

• Bei gefühlsmäßigen, emotionalen, beziehungsbedingten Problemen wird dieser Mensch **Pahaliah** anrufen, der dem Engelchor der **Throne** angehört.

* Duftmischung aus 1/3 Weihrauch und 2/3 Myrrhe.

- Man stimmt sich auf ihn ein, indem man die Farbe **Indigo** visualisiert.

- So schwingt man sich auf die Ebene des Erzengelfürsten der Throne, **Zafkiel**, ein.

- Es wird Räucherwerk aus **1/3 Styrax und 2/3 Muskat** (oder ein neutraler Duft) verwendet.

- Um sich auf die Energien von **Saturn** und **Mars** einzustellen, nennt man dreimal deren Namen.

- Zur Koordination stellen sie sich den Namen des Engels in Hebräisch vor und bitten ihn dann um seine Hilfe.

Auf der spirituellen Ebene: **Aniel**, der 37. Engel

- Wenn dieser Mensch seine Spiritualität entwickeln möchte, kann er **Aniel** anrufen, der dem Engelchor der **Gewalten** angehört.

- Man stellt sich auf ihn ein, indem man die Farbe **Rot** visualisiert.

- So begibt man sich auf die Schwingungsebene des Erzengelfürsten der Throne, **Kamael**.

- Dazu verwendet man Räucherwerk oder Öl aus **1/3 Muskat und 2/3 Weihrauch** (oder einen neutralen Duft).

- Die Schwingungsenergien von **Mars** und **Sonne** ruft man an, indem man dreimal ihren Namen nennt.

- Um dies alles zu koordinieren, wird der Name des Engels in Hebräisch visualisiert und dieser dann um Hilfe gebeten.

Diese Harmonisierung mag anstrengend erscheinen, aber mit ein wenig Übung ist sie sehr schnell vollzogen. Sie ist äußerst wirksam, um den Kontakt zu den gewünschten Engeln zu finden.

Die Aufgaben der Engel

Engel sind Mittler zwischen dem Schöpfer und den Menschen und handeln entsprechend, um sich diesen zu nähern und ihnen bei der Kommunikation zu helfen. Sie sind keine Gottheiten, die man anbeten soll, sondern fähige und eifrige Diener, wie sie der heilige Johannes wirkungsvoll beschreibt:
„Ich, Johannes, habe dies gehört und gesehen. Und als ich es hörte und sah, fiel ich dem Engel, der mir dies gezeigt hatte, zu Füßen, um ihn anzubeten. Da sagte er zu mir: Tu das nicht! Ich bin nur ein Knecht wie du und deine Brüder, die Propheten, und wie alle, die sich an die Worte dieses Buches halten. Gott bete an!" (OFFB 22, 8-9)

4
Die magischen Siegel und der Engelschutz

Um die Wirkungsweise unserer Schutzengel und den Kontakt zu Ihnen zu verstärken und unsere Kommunikation mit ihnen zu erleichtern, kann es hilfreich sein, magische Siegel nach den Modellen auf den Seiten 38 und 39 herzustellen. Es sind Schwingungsgrafiken nach der heiligen Geometrie und gleichzeitig auch Symbole einer Zwischenwelt, in der sich Engel und ihre Schützlinge leichter begegnen können. Es ist eine Welt für sich, die man auf unterschiedliche Weise nutzen kann.

Entweder

- man trägt das Siegel bei sich, um seinem Schutzengel immer so nah wie möglich zu sein, zum Beispiel als Schmuck oder auf eine Karte gezeichnet.

- oder man legt das Siegel an einen Ort, an dem man das Schwingungsniveau erhöhen möchte, zum Beispiel in der Nähe seines Schlaf- oder Meditationsplatzes.

Mit Hilfe dieser geometrischen Kraftzeichen wird das Wirkungsfeld Ihrer Schutzengel verstärkt und verlängert. Es gibt zahlreiche weitere Arten von magischen Siegeln, Hexagrammen und Pentakeln, die anzuwenden es allerdings tieferer Studien bedarf. Wir beschreiben umseitig die beiden Konstruktionen der symbolisierten Schutzenergien, die am leichtesten anzufertigen sind:

Vielleicht kommt Ihnen das alles anfangs ein wenig mühsam vor, aber nach einiger Zeit werden Sie sich sehr schnell daran gewöhnt haben und die Praxis der magischen Anrufung von Engeln selbstverständlich finden.

Die das Kapitel abschließende Merktafel, in der sämtliche aufeinanderfolgenden Schritte nochmals beschrieben sind, wird Ihnen anfangs dabei helfen.

Das Siegel Ihres Schutzengels

Hierbei handelt es sich um ein magisches Siegel, das man selbst sehr leicht herstellen kann und das in seiner Wirkung sehr mächtig ist. Es reicht, auf festem Papier zwei Kreise konzentrisch ineinander zu malen und in den kleineren dieser beiden Kreise ein gleichschenkliges Dreieck hineinzusetzen:

• Der äußere Kreis entspricht dem Makrokosmos, also dem Universum.

• Der innere Kreis entspricht dem Mikrokosmos, also dem menschlichen Wesen.

• Das Dreieck steht für eine sehr energievolle Form der Anrufung, mit der wir die gewünschten Energien anziehen können.

Schreiben Sie den Namen des Schutzengels in Rot in Hebräisch in das Innere dieses Dreiecks. Hier das Beispiel mit dem Namen des 19. Schutzengels = **Leuviah**.

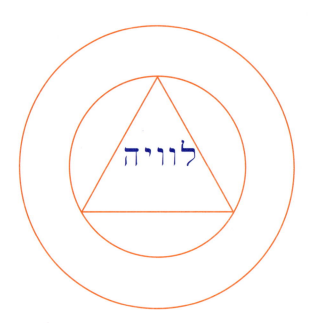

Siegel für alle drei schützenden Engel

Dieses okkulte Siegel stellt die drei Energien dar, die bei unserer Geburt Pate gestanden haben und mit denen wir uns verbinden können, um Energie zu schöpfen und sie um Hilfe zu bitten. Dazu zeichnen Sie auf einem festen Karton wieder zwei konzentrische Kreise und in die Mitte ein Quadrat. Schreiben Sie den Namen Ihrer drei Schutzengel in Rot in Hebräisch unter Beachtung der Reihenfolge:

- den Namen des physischen Schutzengels unten,
- den Namen des emotionalen Schutzengels in der Mitte,
- den Namen des spirituellen Schutzengels oben.

Dann schreiben Sie, ebenfalls in Rot:

- Ihren Vornamen über das Quadrat,
- Ihr Geburtsdatum unter das Quadrat.

Das Beispiel gilt für den spirituellen Engel **Aniel** = 37. Engel, den emotionalen Engel **Pahaliah** = 20. Engel und den physischen Engel **Elemiah** = 45. Engel.

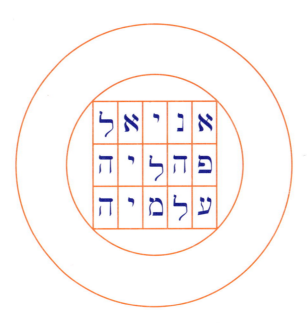

Zur Einstimmung auf Ihre individuelle Schutzenergie mit Hilfe der Siegel

• Zünden Sie eine Kerze an.

• Schreiben Sie den Namen eines Ihrer Schutzengel oder die aller drei in Hebräisch von rechts nach links in die Siegel.

• Visualisieren Sie die Farbe, die mit dem Engelchor verbunden ist, dem der Schutzengel angehört, für den Sie das Siegel angefertigt haben, oder verwenden Sie Papier in der entsprechenden Farbe.

• Schwingen Sie sich auf die Ebene des Erzengelfürsten ein, indem Sie versuchen, ihn zu visualisieren, und/oder seinen Namen dreimal nennen (sein Aussehen ist zu Beginn des Abschnitts über den betreffenden Chor beschrieben).

• Verwenden Sie den für jeden Engel angegeben Duft oder eine neutrale Essenz.*

• Visualisieren Sie den Namen des Schutzengels in Hebräisch.

• Schwingen Sie sich auf die Ebene der beiden Planeten ein, die dem Engel entsprechen, und nennen Sie deren Namen dreimal.

• Äußern Sie Ihre Wünsche und Ihre Bitte um Hilfe.

---

* Die verschiedenen Duftessenzen für Ihre persönlichen Mischungen sind als Öl oder Räucherwerk in den Apotheken oder im einschlägigen Fachhandel erhältlich.

Das Siegel
Ihres Schutzengels

....

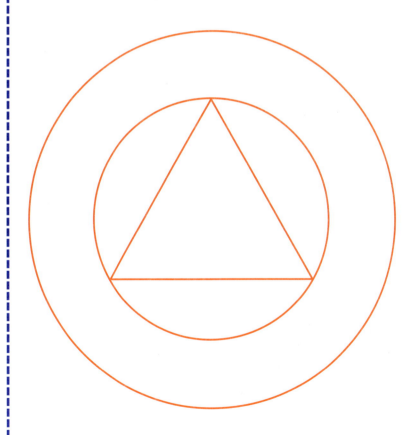

Das Siegel für Ihre drei Schutzengel

SPIRITUELLER ENGEL: ....

EMOTIONALER ENGEL: ....

PHYSISCHER ENGEL: ....

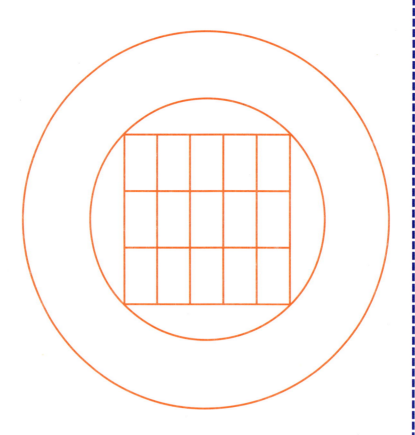

II
Die Engelhierarchien

„Die Engel sind für die Welt das, was die Säulen für große Gebäude bedeuten: Sie tragen und verleihen ihnen Schönheit."

PHILON

5
Die Charakteristik unserer Schutzengel

Jetzt wird es allmählich Zeit, die Hüter Ihres Lebens im einzelnen zu beschreiben, denn tatsächlich besitzt jeder einzelne von ihnen seine eigene Persönlichkeit. Niemals hatten Sie bessere Freunde, die Sie so gut kennen! Unsere Engel wissen alles von uns, aber was wissen wir von ihnen?

Ich werde Ihnen die Engel vorstellen, indem ich jedem von ihnen eine Art „Paß" gebe – mit allen Angaben, die uns die Tradition hinterlassen hat. Die Engel werden nach den einzelnen Hierarchien eingestuft. Das ist sozusagen ihre „Familie", in der jeder seinen Platz in einem inneren System innehat, das sich durch den Baum des Lebens manifestiert, durch den der Orden beschrieben wird, dem der Engel angehört.

Jede Familie hat ihr Oberhaupt - jeder Engelorden seinen Fürsten, dem eine besondere Beschreibung gewidmet ist. Wenn Sie mit Ihrem Schutzengel Verbindung aufnehmen möchten, müssen Sie sich zuerst auf die Energie des Oberhauptes des Ordens, seines Fürsten, einstimmen, um Zugang zu Briah zu erlangen - der Welt der Schöpfung, der Gedankenformen und des Mentalen.

Die verschiedenen Engelschwingungen

Die Beschreibung der einzelnen Engel ist gegliedert in:

• den Lebensbaum der betreffenden Hierarchie.

• die Beschreibung des Erzengelfürsten.

• den Paß der jeweils acht Engel der Hierarchie mit allen Elementen, durch die Sie sich mit dem von Ihnen gewählten Engel in Verbindung setzen können, also: der Psalm, sozusagen sein „Stempel", die astrologische Energie des Engels, die durch den Planeten seiner Hierarchie zum Ausdruck kommt, seine Farbe, der Erzengelfürst, die entsprechende Duftessenz und seine Aufgabenbereiche. Die Hierarchien werden in der traditionell üblichen Reihenfolge beschrieben.

Am Ende dieses Teils faßt eine Tabelle die wichtigsten Punkte dieser Beschreibungen zusammen, so daß Sie schnell nachschauen können, welcher Engel Ihren gegenwärtigen Bedürfnissen am meisten entspricht.

Es wäre schade, wenn Sie sich darauf beschränken würden, nur die Beschreibungen der Engel zu lesen, die für Sie oder die Menschen, die Sie lieben, zuständig sind. Die himmlischen Hierarchien bilden ein Ganzes, und es ist wichtig, die besonderen Attribute aller Engel und ihrer Fürsten zu kennen, wenn Sie die Energie, die durch die Engel zum Ausdruck kommt, in ihrer ganzen Fülle erfahren möchten.

Der Engelchor der Seraphim

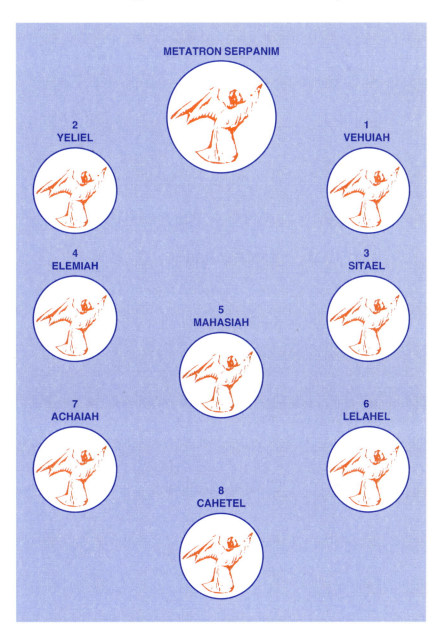

Engelchor der
Seraphim

Porträt

Alle Seraphim haben sechs Flügel: zwei bedecken ihr Gesicht, zwei bedecken ihre Füße, und mit zweien fliegen sie.

Eigenschaften

Der Engelchor der Seraphim - die Brennenden - besitzt alle Kräfte des Feuers.
Er hilft dem Menschen, an seinen Fehlern und Schwächen zu arbeiten, indem er die Unstimmigkeiten, die zwischen dem menschlichen und dem göttlichen Willen bestehen, beseitigt.
Seine Aufgabe ist die Reinigung. Er besitzt auch die notwendige Energie, den Menschen dabei zu helfen, ihr irdisches Schicksal zu erkennen und anzunehmen. Dazu kann er den Geist desjenigen, der es wünscht, erleuchten.

Charakteristika

Farbe: Gold
Planet: Neptun
Duftmischung: Oedipus
(1/3 Weihrauch und 2/3 Myrrhe)

Fürst des Chors der Seraphim

METATRON SERPANIM
Der Prinz der Gesichter

Porträt

Ein Wesen mit einem Antlitz, so strahlend wie die Sonne, zwei Hörner krönen seine Stirn. Von den Füßen bis zur Taille gleicht er schmelzendem Erz und von der Taille bis zum Kopf loderndem Feuer. In der rechten Hand trägt er eine Meßlatte und in der linken eine Schnur aus makellos weißem Leinen.

Eigenschaften

Metatron Serpanim entstammt der Welt von Keter - die Krone - , der ersten Sefira des Lebensbaums, von der die ursprüngliche dynamische Energie ausgeht, die das Universum regelt und beherrscht.

1. Schutzengel
VEHUIAH

והויה

»Gott, der erhabene, gepriesene Gott, der über allem steht«

SERAPHIM

Physischer Engel der vom **20. bis 24. März** Geborenen

Emotionaler Engel der am **20. März, 31. Mai, 11. August, 22. Oktober, 2. Januar** und **15. März** Geborenen

Spiritueller Engel der zwischen **0:00 und 0:19 Uhr** Geborenen

Psalm 3, Vers 4
Aber Du, oh Herr, bist der Schild für mich, der mich zu Ehren setzet und mein Haupt aufrichtet.

Belebt durch die Energien von
Neptun-Uranus

Einstimmung auf VEHUIAH:

Visualisieren Sie die Farbe **Gold**
Schwingen Sie sich auf den Engelfürsten **Metatron Serpanim** ein
Duftmischung **1/3 Oedipus und 2/3 Elektra***

Haupteigenschaften:

Hilft uns, unsere Sünden wiedergutzumachen
Wirkt mit, unsere Spiritualität zu entwickeln
Hilft uns, Hindernisse zu überwinden
Stärkt uns bei Ermüdung
Unterstützt wissenschaftliche Studien
Läßt in uns Kampfgeist entstehen

* Duftmischung aus 1/3 Myrrhe und 2/3 Weihrauch.

2. Schutzengel
YELIEL

יליאל

»Der helfende Gott«

SERAPHIM

Physischer Engel der vom **25. bis 29. März** Geborenen

Emotionaler Engel der am **21. März, 1. Juni, 12. August, 23. Oktober, 3. Januar, 16. März** Geborenen

Spiritueller Engel der zwischen **0:20 und 0:39 Uhr** Geborenen

Psalm 22, Vers 20:
Aber Du, Herr, sei nicht ferne; meine Stärke, eile, mir zu helfen!

Belebt durch die Energien von
Neptun-Saturn

Einstimmung auf YELIEL:

Visualisieren Sie die Farbe **Gold**
Schwingen Sie sich auf den Erzengelfürsten **Metatron Serpanim** ein
Verwenden Sie die Duftmischung **1/3 Oedipus und 2/3 Styrax**

Haupteigenschaften:

Entwickelt Großzügigkeit
Schafft Optimismus und Lebensfreude
Begünstigt das Studium abstrakter Dinge
Verhilft zu einem harmonischen Eheleben
Fördert die Kommunikation
Unterstützt bei Tätigkeiten in der Landwirtschaft und auf dem Bau

3. Schutzengel
SITAEL
סיטאל

»Gott, Hoffnung aller Kreatur«

SERAPHIM

Physischer Engel der vom **30. März bis 3. April** Geborenen

Emotionaler Engel der am **22. März, 2. Juni, 13. August, 24. Oktober, 4. Januar, 17. März** Geborenen

Spiritueller Engel der zwischen **0:40 und 0:59 Uhr** Geborenen

Psalm 91, Vers 2:
Ich sprach zu dem Herrn: Meine Zuversicht und meine Burg, mein Gott, auf den ich hoffe!

Belebt durch die Energien von
Neptun-Jupiter

Einstimmung auf SITAEL:

Visualisieren Sie die Farbe **Gold**
Schwingen Sie sich auf den Erzengelfürsten **Metatron Serpanim** ein
Verwenden Sie die Duftmischung **1/3 Oedipus und 2/3 Benzoeharz**

Haupteigenschaften:

Fördert das Studium von Philosophie und Religion
Hilft, Exzesse zu vermeiden
Berät in juristisch-finanziellen Angelegenheiten
Hilft dabei, die Persönlichkeit zu entwickeln
Läßt uns unser Schicksal erkennen
Hilft bei der Verarbeitung psychischer Probleme der Vergangenheit

4. Schutzengel
ELEMIAH
עלמיה

»Der verborgene Gott«

SERAPHIM

Physischer Engel der vom **4. bis 8. April** Geborenen

Emotionaler Engel der am **23. März, 3. Juni, 14. August, 25. Oktober, 5. Januar, 18. März** Geborenen

Spiritueller Engel der zwischen **1:00 und 1:19 Uhr** Geborenen

Psalm 6, Vers 5:
Wende Dich, Herr, und errette meine Seele;
hilf mir um Deiner Güte willen!

Belebt durch die Energien von
Neptun-Mars

Einstimmung auf ELEMIAH:

Visualisieren Sie die Farbe **Gold**
Schwingen Sie sich auf den Erzengelfürsten **Metatron Serpanim** ein
Verwenden Sie die Duftmischung **1/3 Oedipus und 2/3 Muskat**

Haupteigenschaften:

Hilft, Initiative, Mut und Kampfgeist zu entwickeln
Verhilft zu Enthusiasmus und Dynamik
Unterstützt Geschäftspartnerwahl und hilft bei beruflicher Orientierung
Trägt zum Erfolg geschäftlicher Aktivitäten bei
Verhilft zu körperlicher Kondition
Läßt uns Aggressivität und Impulsivität beherrschen lernen

5. Schutzengel
MAHASIAH

»Gott der Retter«

SERAPHIM

Physischer Engel der vom **9. bis 13. April** Geborenen

Emotionaler Engel der am **24. März, 4. Juni, 15. August, 26. Oktober, 6. Januar, 19. März** Geborenen

Spiritueller Engel der zwischen **1:20 und 1:39 Uhr** Geborenen

Psalm 33, Vers 4:
Denn des Herrn Wort ist wahrhaftig,
und was er zusagt, das hält er gewiß!

Belebt durch die Energien von
Neptun-Sonne

Einstimmung auf MAHASIAH:

Visualisieren Sie die Farbe **Gold**
Schwingen Sie sich auf den Erzengelfürsten **Metatron Serpanim** ein
Verwenden Sie die Duftmischung **1/3 Oedipus und 2/3 Weihrauch**

Haupteigenschaften:

Verhilft zu einem spirituellen Leben
Läßt uns Bescheidenheit lernen
Erleichtert das Leben in der Gemeinschaft
Fördert das Studium von Wissenschaft und Mathematik
Hilft, Mißerfolge zu verarbeiten
Trägt dazu bei, ethische Grundsätze zu entwickeln

6. Schutzengel
LELAHEL

לְלָהֵאל

»Der zu lobpreisende Gott«

SERAPHIM

Physischer Engel der vom **14. bis 18. April** Geborenen

Emotionaler Engel der am **25. März, 5. Juni, 16. August, 27. Oktober, 7. Januar** Geborenen

Spiritueller Engel der zwischen **1:40 und 1:59 Uhr** Geborenen

Psalm 9, Vers 12:
Lobet den Herrn, der zu Zion wohnt;
verkündet unter den Völkern sein Tun!

Belebt durch die Energien von
Neptun-Venus

Einstimmung auf LELAHEL:

Visualisieren Sie die Farbe **Gold**
Schwingen Sie sich auf den Erzengelfürsten **Metatron Serpanim** ein
Verwenden Sie die Duftmischung **1/3 Oedipus und 2/3 Sandelholz**

Haupteigenschaften:

Hilft, persönlichen Magnetismus zu entwickeln
Erleichtert die Kommunikation mit anderen
Unterstützt den Heilungsproceß
Fördert den Erwerb materieller Güter
Hilft beim Kampf gegen die Wollust
Unterstützt das innere Gleichgewicht

7. Schutzengel
ACHAIAH

אכאיה

»Gott, gütig und geduldig«

SERAPHIM

Physischer Engel der vom **19. bis 23. April** Geborenen

Emotionaler Engel der am **26. März, 6. Juni, 17. August, 28. Oktober, 8. Januar** Geborenen

Spiritueller Engel der zwischen **2:00 und 2:19 Uhr** Geborenen

Psalm 103, Vers 8:
Barmherzig und gnädig ist der Herr,
geduldig und von großer Güte!

Belebt durch die Energien von
Neptun-Merkur

Einstimmung auf ACHAIAH:

Visualisieren Sie die Farbe **Gold**
Schwingen Sie sich auf den Erzengelfürsten **Metatron Serpanim** ein
Verwenden Sie die Duftmischung **1/3 Oedipus und 2/3 Mastix***

Haupteigenschaften:

Verhindert übermäßigen materiellen Genuß
Fördert das Studium von Literatur und Wissenschaft
Entwickelt Güte und Vermittlungsfähigkeit
Hilft, sinnvoll mit der Natur umzugehen und sie zu erhalten
Läßt uns unseren Lebensweg erkennen
Erleichtert journalistische und fremdsprachliche Ausbildung

* Pistazienart

8. Schutzengel
CAHETEL
כהתאל

»Der anbetungswürdige Gott«

SERAPHIM

Physischer Engel der vom **24. bis 29. April** Geborenen

Emotionaler Engel der am **27. März, 7. Juni, 18. August, 29. Oktober, 9. Januar** Geborenen

Spiritueller Engel der zwischen **2:20 und 2:39 Uhr** Geborenen

Psalm 95, Vers 6:
Kommt, laßt uns anbeten und knien und niederfallen vor dem Herrn, der uns gemacht hat!

Belebt durch die Energien von
Neptun-Mond

Einstimmung auf CAHETEL:

Visualisieren Sie die Farbe **Gold**
Schwingen Sie sich auf den Erzengelfürsten **Metatron Serpanim** ein
Verwenden Sie die Duftmischung **1/3 Oedipus und 2/3 Myrrhe**

Haupteigenschaften:

Hilft, Intuition und Vorstellungskraft zu entwickeln
Verhilft zu Bescheidenheit und Großzügigkeit
Erleichtert den Ausdruck in Wort und Schrift
Verhindert den Rückzug auf sich selbst und Introvertiertheit
Steht uns bei Exorzismus-Ritualen hilfreich zur Seite
Entwickelt Unternehmensgeist

Der Engelchor der Cherubim

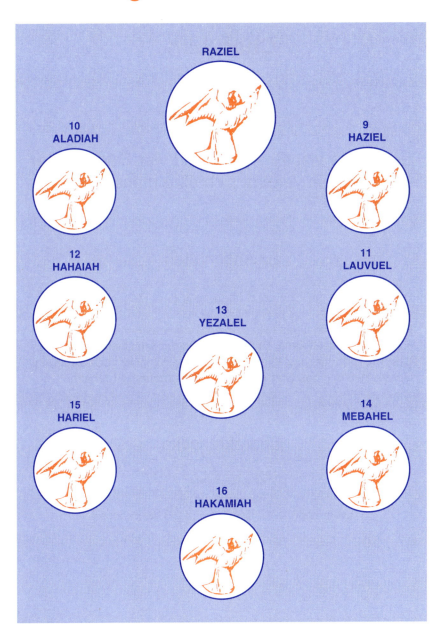

Engelchor der
Cherubim

Porträt

Sie haben vier Gesichter und vier Flügel; unter ihren Flügeln verbirgt sich eine menschenähnliche Hand.

Eigenschaften

Der Engelchor der Cherubim übermittelt dem Menschen die Weisheit der Liebe.
Er schafft ein günstiges Milieu, in dem sich das Schicksal des Menschen ausdrücken kann. Er überträgt die großen Charismen: Worte des Friedens, der Interpretation, Heilung, Wunder, Überzeugung, Unterscheidung des Geistes, Gabe der Sprachen, Prophetie.

Charakteristika

Farbe: Silber
Planet: Uranus
Duft: Elektra (1/3 Myrrhe und 2/3 Weihrauch)

Fürst des Chors der Cherubim

RAZIEL
Der Bote Gottes

Porträt

Ein Wesen aus strahlendem Licht, gekleidet in ein langes strahlendweißes Gewand, gegürtet mit einem Band aus Gold, mit weißen Haaren und flammenden Augen, die Füße lodernd wie die geschürte Glut eines Feuers. In der rechten Hand hält er sieben Sterne mit sechs Zacken, ein Schwert mit zwei Schneiden entspringt seinen Lippen.

Eigenschaften

Raziel herrscht in der Welt von Chokhmah - die Weisheit - , der zweiten Sefira des Lebensbaums, dem regelnden Prinzip. Es ist die dynamische Kraft, die das Universum fruchtbar macht.

9. Schutzengel
HAZIEL

הזיאל

»Der Gott der Barmherzigkeit«

CHERUBIM

Physischer Engel der vom **30. April bis 4. Mai** Geborenen

Emotionaler Engel der am **28. März, 8. Juni, 19. August, 30. Oktober, 10. Januar** Geborenen

Spiritueller Engel der zwischen **2:40 und 2:59 Uhr** Geborenen

Psalm 25, Vers 6:
Denke, Herr, an Deine Barmherzigkeit und Deine Güte, die vom Urbeginn der Welt gewesen ist!

Belebt durch die Energien von
Uranus-Uranus

Einstimmung auf HAZIEL:

Visualisieren Sie die Farbe **Silber**
Schwingen Sie sich auf die Energie des Erzengelfürsten **Raziel** ein
Verwenden Sie die Duftmischung **3/3 Elektra**

Haupteigenschaften:

Hilft beim Kampf gegen Nervosität und Isolation
Begünstigt harmonische Beziehungen
Macht uns stark im Kampf gegen sexuelle Perversion
Läßt Freundschaften entstehen
Begünstigt finanzielle Transaktionen
Läßt uns Heiterkeit und Frieden verbreiten

10. Schutzengel
ALADIAH
אלדיה

»Der gnädige Gott«

CHERUBIM

Physischer Engel der vom **5. bis 9. Mai** Geborenen

Emotionaler Engel der am **29. März, 9. Juni, 20. August, 31. Oktober, 11. Januar** Geborenen

Spiritueller Engel der zwischen **3:00 und 3:19 Uhr** Geborenen

Psalm 33, Vers 22:
Deine Güte, Herr, sei über uns,
wie wir auf Dich hoffen!

Belebt durch die Energien von
Uranus-Saturn

Einstimmung auf ALADIAH:

Visualisieren Sie die Farbe **Silber**
Schwingen Sie sich auf die Energie des Erzengelfürsten **Raziel** ein
Verwenden Sie die Duftmischung **1/3 Elektra und 2/3 Styrax**

Haupteigenschaften:

Unterstützt die Heilung
Hilft, gegen Nervosität und Angst anzugehen
Steht beim Kampf gegen Depression und fehlendes Selbstvertrauen bei.
Entwickelt Gastlichkeit und Freundschaft
Fördert die Solidarität unter den Menschen
Begünstigt die Durchführung von Projekten

11. Schutzengel
LAUVUEL
לאואל

»Der gelobte und erhabene Gott«

CHERUBIM

Physischer Engel der vom **10. bis 14. Mai** Geborenen

Emotionaler Engel der am **30. März, 10. Juni, 21. August, 1. November, 12. Januar** Geborenen

Spiritueller Engel der zwischen **3:20 und 3:39 Uhr** Geborenen

Psalm 18, Vers 47:
Der Herr lebet und gelobet sei mein Hort,
und erhoben werde der Gott meines Heils!

Belebt durch die Energien von
Uranus-Jupiter

Einstimmung auf LAUVUEL:

Visualisieren Sie die Farbe **Silber**
Schwingen Sie sich auf die Energie des Erzengelfürsten **Raziel** ein
Verwenden Sie die Duftmischung **1/3 Elektra und 2/3 Benzoeharz**

Haupteigenschaften:

Unterstützt den Heilungsprozeß
Hilft, Exzesse zu vermeiden
Trägt dazu bei, freundschaftliche Beziehungen zu entwickeln
Begünstigt ein spirituelles Leben
Entwickelt die Gabe der Innenschau
Schützt vor Eifersucht und Lüge

12. Schutzengel
HAHAIAH

ההעיה

»Gott, unsere Zuflucht«

CHERUBIM

Physischer Engel der vom **15. bis 19. Mai** Geborenen

Emotionaler Engel der am **31. März, 11. Juni, 22. August, 2. November, 13. Januar** Geborenen

Spiritueller Engel der zwischen **3:40 und 3:59 Uhr** Geborenen

Psalm 10, Vers 1:
Herr, warum bist Du so ferne?
Verbirgst Dich zur Zeit der Not?

Belebt durch die Energien von
Uranus-Mars

Einstimmung auf HAHAIAH:

Visualisieren Sie die Farbe **Silber**
Schwingen Sie sich auf die Energie des Erzengelfürsten **Raziel** ein
Verwenden Sie die Duftmischung **1/3 Elektra und 2/3 Muskat**

Haupteigenschaften:

Hilft, Aggressivität und Impulsivität zu beherrschen
Begünstigt Reflexion in schwierigen Situationen
Hilft, die Wahrheit zu verankern
Unterstützt den Kampf gegen Fanatismus und Gewalt
Verhilft zu Gerechtigkeit
Begünstigt die Traumdeutung

13. Schutzengel
YEZALEL
יזלאל

»Der über alles gepriesene Gott«

CHERUBIM

Physischer Engel der vom **20. bis 24. Mai** Geborenen

Emotionaler Engel der am **1. April, 12. Juni, 23. August, 3. November, 14. Januar** Geborenen

Spiritueller Engel der zwischen **4:00 und 4:19 Uhr** Geborenen

Psalm 98, Vers 4:
Jauchzet dem Herrn alle Welt,
singet, rühmet und lobet!

Belebt durch die Energien von
Uranus-Sonne

Einstimmung auf YEZALEL:

Visualisieren Sie die Farbe **Silber**
Schwingen Sie sich auf die Energie des Erzengelfürsten **Raziel** ein
Verwenden Sie die Duftmischung **1/3 Elektra und 2/3 Weihrauch**

Haupteigenschaften:

Unterstützt den Einsatz für die Demokratie
Erleichtert das Erinnerungsvermögen und die Lernfähigkeit
Hilft, Frieden zu schaffen und zu bewahren
Stärkt Willenskraft und Enthusiasmus
Erleichtert den mündlichen und schriftlichen Ausdruck
Hilft, sich aus schwierigen Situationen zu befreien

14. Schutzengel
MEBAHEL

מבהאל

»Der bewahrende Gott«

CHERUBIM

Physischer Engel der vom **25. bis 29. Mai** Geborenen

Emotionaler Engel der am **2. April, 13. Juni, 24. August, 4. November, 15. Januar** Geborenen

Spiritueller Engel der zwischen **4:20 und 4:39 Uhr** Geborenen

Psalm 9, Vers 10:
Und der Herr ist der Armen Schutz,
ein Schutz in der Not!

Belebt durch die Energien von
Uranus-Venus

Einstimmung auf MEBAHEL:

Visualisieren Sie die Farbe **Silber**
Schwingen Sie sich auf die Energie des Erzengelfürsten **Raziel** ein
Verwenden Sie die Duftmischung **1/3 Elektra und 2/3 Sandelholz**

Haupteigenschaften:

Entwickelt Unterscheidungsfähigkeit und Klarheit
Hilft, in Rechtsdingen falsche Zeugen zu entlarven
Entwickelt Harmonie der Menschen untereinander
Schützt gegen Gier und Eifersucht
Unterstützt Exorzismus-Rituale
Hilft, Gerechtigkeit aufzubauen

15. Schutzengel
HARIEL
הריאל

»Gott, der Erretter«

CHERUBIM

Physischer Engel der vom **30. Mai bis 3. Juni** Geborenen

Emotionaler Engel der am **3. April, 14. Juni, 25. August, 5. November, 16. Januar** Geborenen

Spiritueller Engel der zwischen **4:40 und 4:59 Uhr** Geborenen

Psalm 94, Vers 22:
Aber der Herr ist mein Schutz;
mein Gott ist der Hort meiner Zuversicht!

Belebt durch die Energien von
Uranus-Merkur

Einstimmung auf HARIEL:

Visualisieren Sie die Farbe **Silber**
Schwingen Sie sich auf die Energie des Erzengelfürsten **Raziel** ein
Verwenden Sie die Duftmischung **1/3 Elektra und 2/3 Mastix**

Haupteigenschaften:

Erleichtert sprachliche und juristische Studien
Hilft, Frieden zu schaffen und zu bewahren
Fördert die spirituelle Entwicklung
Unterstützt den Zusammenhalt der Familie
Begünstigt die Ausdrucksfähigkeit in Wort und Schrift
Entwickelt die Fähigkeiten der Schlichtung und Anpassung

16. Schutzengel
HAKAMIAH

הקמיה

»Der Gott, der das Universum geschaffen hat«

CHERUBIM

Physischer Engel der vom **4. bis 8. Juni** Geborenen

Emotionaler Engel der am **4. April, 15. Juni, 26. August, 6. November, 17. Januar** Geborenen

Spiritueller Engel der zwischen **5:00 und 5:19 Uhr** Geborenen

Psalm 88, Vers 1:
Herr, Gott, mein Heiland!
Ich schreie Tag und Nacht vor Dir!

Belebt durch die Energien von
Uranus-Mond

Einstimmung auf HAKAMIAH:

Visualisieren Sie die Farbe **Silber**
Schwingen Sie sich auf die Energie des Erzengelfürsten **Raziel** ein
Verwenden Sie die Duftmischung **1/3 Elektra und 2/3 Myrrhe**

Haupteigenschaften:

Entwickelt Intuition und Sensibilität
Stärkt das Selbstvertrauen
Erleichtert Kontakte und Entstehen freundschaftlicher Bande
Hilft, die Gabe der Prophetie zu entwickeln
Begünstigt Arbeitssuche und berufliche Eingliederung
Hilft, neue Kräfte zu schöpfen und leistungsfähig zu werden

Der Engelchor der Throne

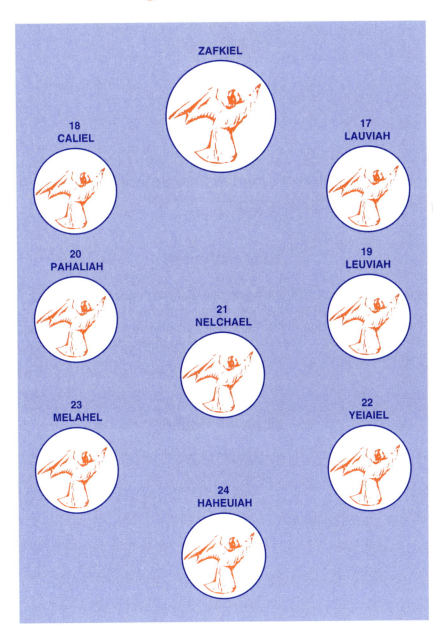

Engelchor der
Throne

Porträt

Sie haben vier Gesichter und vier Flügel; unter ihren Flügeln scheinen sie eine menschenähnliche Hand zu verbergen.

Eigenschaften

Der Engelchor der Throne bringt den Menschen das Licht, mit dessen Hilfe sie die Prüfungen wahrnehmen, die ihren Lebensweg säumen. Er läßt ihnen auch Prüfungen zukommen, wenn er dies für notwendig erachtet, damit der Mensch wachsen und lernen kann, Leid zu ertragen.

Charakteristika

Farbe: Indigo
Planet: Saturn
Duft: Styrax

Fürst des Chors der Throne

ZAFKIEL
Die Vision Gottes

Porträt

Ein Mann wie glänzendes Erz, gekleidet in ein Gewand aus weißem Leinen, in der Hand ein Schreibzeug.

Eigenschaften

Zafkiel herrscht in der Welt von Binah - die Intelligenz - , der dritten Sefira des Lebensbaums, dem Prinzip der Konkretisierung des Lebens im Bereich der Materie, der Matrix des Lebens.

17. Schutzengel
LAUVIAH
לאויה

»Der anbetungswürdige Gott«

THRONE

Physischer Engel der vom **9. bis 13. Jun**i Geborenen

Emotionaler Engel der am **5. April, 16. Juni, 27. August, 7. November, 18. Januar** Geborenen

Spiritueller Engel der zwischen **5:20 und 5:39 Uhr** Geborenen

Psalm 8, Vers 2:
Herr, unser Herrscher,
wie herrlich ist Dein Name in allen Landen!

Belebt durch die Energien von
Saturn-Uranus

Einstimmung auf LAUVIAH:

Visualisieren Sie die Farbe **Indigo**
Schwingen Sie sich auf die Energie des Erzengelfürsten **Zafkiel** ein
Verwenden Sie die Duftmischung **1/3 Styrax und 2/3 Elektra**

Haupteigenschaften:

Hilft, Prüfungen zu verstehen und zu bestehen
Begünstigt Wahrträume
Trägt dazu bei, Spiritualität zu entwickeln
Hilft, Angst und Nervosität zu überwinden
Fördert Intuition und energetisches Empfinden
Hilft gegen Schlaflosigkeit

18. Schutzengel
CALIEL
כליאל

»Der ständig hilfreiche Gott«

THRONE

Physischer Engel der vom **14. bis 19. Jun**i Geborenen

Emotionaler Engel der am **6. April, 17. Juni, 28. August, 8. November, 19. Januar** Geborenen

Spiritueller Engel der zwischen **5:40 und 5:59 Uhr** Geborenen

Psalm 7, Vers 9:
Der Herr ist Richter über die Völker. Richte mich, Herr, nach meiner Gerechtigkeit und Frömmigkeit!

Belebt durch die Energien von
Saturn-Saturn

Einstimmung auf CALIEL:

Visualisieren Sie die Farbe **Indigo**
Schwingen Sie sich auf die Energie des Erzengelfürsten **Zafkiel** ein
Verwenden Sie die Duftmischung **3/3 Styrax**

Haupteigenschaften:

Hilft, Prüfungen zu verstehen und zu bestehen
Fördert Entscheidungskraft
Stärkt Ausdauer und Selbstbeherrschung
Entwickelt den Sinn für Analyse und Synthese
Überwindet Mutlosigkeit und Miesmacherei
Hilft beim Kampf gegen Pessimismus und Melancholie

19. Schutzengel
LEUVIAH
לוויה

»Der, der den Sündern zu Hilfe kommt«

THRONE

Physischer Engel der vom **20. bis 24. Juni** Geborenen

Emotionaler Engel der am **7. April, 18. Juni, 29. August, 9. November, 20. Januar** Geborenen

Spiritueller Engel der zwischen **6:00 und 6:19 Uhr** Geborenen

Psalm 40, Vers 2:
Ich harrte des Herrn, und er neigte sich zu mir und hörte mein Schreien!

Belebt durch die Energien von
Saturn-Jupiter

Einstimmung auf LEUVIAH:

Visualisieren Sie die Farbe **Indigo**
Schwingen Sie sich auf die Energie des Erzengelfürsten **Zafkiel** ein
Verwenden Sie die Duftmischung **1/3 Styrax und 2/3 Benzoeharz**

Haupteigenschaften:

Hilft, Prüfungen zu verstehen und zu bestehen
Erleichtert das Studium der Kunst und Literatur
Trägt dazu bei, Spiritualität zu entwickeln
Entwickelt Loyalität und Offenheit
Begünstigt den Triumph der Gerechtigkeit
Verleiht Kraft und Mut

20. Schutzengel
PAHALIAH

פהליה

»Gott der Erlöser«

THRONE

Physischer Engel der vom **25. bis 30. Juni** Geborenen

Emotionaler Engel der am **8. April, 19. Juni, 30. August, 10. November, 21. Januar** Geborenen

Spiritueller Engel der zwischen **6:20 und 6:39 Uhr** Geborenen

Psalm 12, Vers 2:
Hilf, Herr, die Heiligen sind entschwunden, und der Gläubigen sind nur wenige unter den Menschenkindern!

Belebt durch die Energien von
Saturn-Mars

Einstimmung auf PAHALIAH:

Visualisieren Sie die Farbe **Indigo**
Schwingen Sie sich auf die Energie des Erzengelfürsten **Zafkiel** ein
Verwenden Sie die Duftmischung **1/3 Styrax und 2/3 Muskat**

Haupteigenschaften:

Hilft, Prüfungen des Lebens in schweren Situationen zu bestehen
Hilft beim Kampf gegen Aggressivität und Empfindlichkeit
Verleiht Mut und Durchhaltevermögen
Überwindet Bösartigkeit und Verleumdung
Stärkt den Glauben
Entwickelt Ausdauer und Willensstärke

21. Schutzengel
NELCHAEL
נלכאל

»Der einzige, einzigartige Gott«

THRONE

Physischer Engel der vom **1. bis 5. Juli** Geborenen

Emotionaler Engel der am **9. April, 20. Juni, 31. August, 11. November, 22. Januar** Geborenen

Spiritueller Engel der zwischen **6:40 und 6:59 Uhr** Geborenen

Psalm 31, Vers 15:
Ich, aber, Herr, hoffe auch Dich, und spreche:
Du bist mein Gott!

Belebt durch die Energien von
Saturn-Sonne

Einstimmung auf NELCHAEL:

Visualisieren Sie die Farbe **Indigo**
Schwingen Sie sich auf die Energie des Erzengelfürsten **Zafkiel** ein
Verwenden Sie die Duftmischung **1/3 Styrax und 2/3 Weihrauch**

Haupteigenschaften:

Begünstigt das Studium der Mathematik und der Physik
Unterstützt den Kampf gegen Nervosität und Depression
Hilft, seine wahre Identität zu erkennen und zu verwirklichen
Hilft, Offenheit und Aufrichtigkeit zu entwickeln
Fördert das Studium der Kabbala und der Numerologie
Begünstigt Nächstenliebe und Güte

22. Schutzengel
YEIAIEL
ייאל

»Die Rechte Gottes«

THRONE

Physischer Engel der vom **6. bis 10. Juli** Geborenen

Emotionaler Engel der am **10. April, 21. Juni, 1. September, 12. November, 23. Januar** Geborenen

Spiritueller Engel der zwischen **7:00 und 7:19 Uhr** Geborenen

Psalm 121, Vers 5:
Der Herr behüte,
der Herr ist dein Schatten über deiner rechten Hand.

Belebt durch die Energien von
Saturn-Venus

Einstimmung auf YEIAIEL:

Visualisieren Sie die Farbe **Indigo**
Schwingen Sie sich auf die Energie des Erzengelfürsten **Zafkiel** ein
Verwenden Sie die Duftmischung **1/3 Styrax und 2/3 Sandelholz**

Haupteigenschaften:

Hilft, Gastfreundschaft zu entwickeln
Begünstigt Erfolg in finanziellen Dingen
Fördert das Universitätsstudium
Trägt zur Entstehung von Freundschaften bei
Entwickelt den Geist der Integrität und Offenheit
Hilft, finanzielle Verluste zu überwinden

23. Schutzengel
MELAHEL
מלהאל

»Gott, der die Bösen befreit«

THRONE

Physischer Engel der vom **11. bis 15. Juli** Geborenen

Emotionaler Engel der am **11. April, 22. Juni, 2. September, 13. November, 24. Janua**r Geborenen

Spiritueller Engel der zwischen **7:20 und 7:39 Uhr** Geborenen

Psalm 121, Vers 8:
Der Herr behüte deinen Ausgang und Eingang
von nun an bis in Ewigkeit!

Belebt durch die Energien von
Saturn-Merkur

Einstimmung auf MELAHEL:

Visualisieren Sie die Farbe **Indigo**
Schwingen Sie sich auf die Energie des Erzengelfürsten **Zafkiel** ein
Verwenden Sie die Duftmischung **1/3 Styrax und 2/3 Mastix**

Haupteigenschaften:

Stärkt die Entscheidungskraft in Verbindung mit Objektivität
Hilft, den Sinn von Prüfungen zu verstehen
Erleichtert die Ausdrucksfähigkeit in Wort und Schrift
Fördert Freundschaften
Unterstützt die Kräuterheilkunde
Hilft, Projekte zu konkretisieren

24. Schutzengel
HAHEUIAH

חהויה

»Gott, gut durch sich selbst«

THRONE

Physischer Engel der vom **16. bis 20. Juli** Geborenen

Emotionaler Engel der am **12. April, 23. Juni, 3. September, 14. November, 25. Januar** Geborenen

Spiritueller Engel der zwischen **7:40 und 7:59 Uhr** Geborenen

Psalm 32, Vers 8:
Ich will dich unterweisen und dir den Weg zeigen, den du wandeln sollst; ich will dich mit meinen Augen leiten!

Belebt durch die Energien von
Saturn-Mond

Einstimmung auf HAHEUIAH:

Visualisieren Sie die Farbe **Indigo**
Schwingen Sie sich auf die Energie des Erzengelfürsten **Zafkiel** ein
Verwenden Sie die Duftmischung **1/3 Styrax und 2/3 Myrrhe**

Haupteigenschaften:

Hilft, Prüfungen zu verstehen und zu bestehen
Überwindet Depressionen und Melancholie
Fördert die Gabe der Bescheidenheit und Einfachheit
Läßt uns Ausgeglichenheit entwickeln und Entscheidungen treffen
Begünstigt die Versöhnung der Menschen untereinander
Hilft, Fehler wiedergutzumachen und sich selbst zu verzeihen

Der Engelchor der Herrschaften

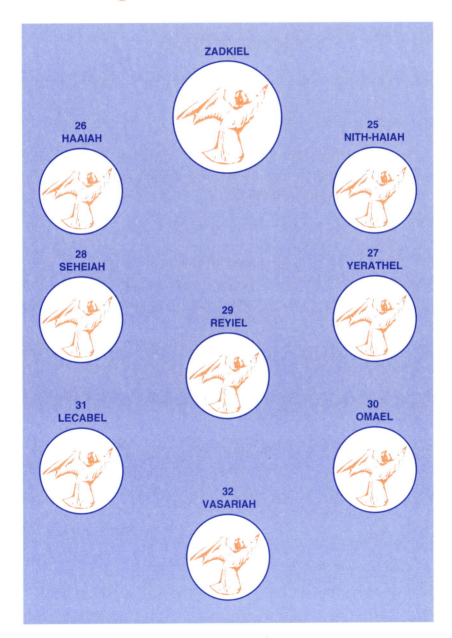

Engelchor der Herrschaften

Eigenschaften

Der Engelchor der Herrschaften vermittelt den Menschen Vertrauen in das Leben, Optimismus und Freude. Er ist gnädig und wohltätig.

Charakteristika

Farbe: Blau
Planet: Jupiter
Duft: Benzoeharz

* Leider existiert nicht für alle Engelchöre ein Porträt

Fürst des Chors der Herrschaften

ZADKIEL
Die Gerechtigkeit Gottes

Porträt

Ein Engel mit vier strahlend weißen Flügeln, gekleidet in ein langes purpurrotes Gewand, in der einen Hand eine Krone, in der anderen ein Zepter.

Eigenschaften

Zadkiel wirkt in der Welt von Hesed - die Gnade - , der vierten Sefira des Lebensbaums, die den Formen, die die materielle Welt bilden, Kraft gibt.

25. Schutzengel
NITH-HAIAH
נתהיה

»Gott, der mit Weisheit gibt«

HERRSCHAFTEN

Physischer Engel der vom **21. bis 25. Juli** Geborenen

Emotionaler Engel der am **13. April, 24. Juni, 4. September, 15. November, 26. Januar** Geborenen

Spiritueller Engel der zwischen **8:00 und 8:19 Uhr** Geborenen

Psalm 9, Vers 2:
Ich danke dem Herrn von ganzem Herzen
und erzähle alle seine Wunder!

Belebt durch die Energien von
Jupiter-Uranus

Einstimmung auf NITH-HAIAH:

Visualisieren Sie die Farbe **Blau**
Schwingen Sie sich auf die Energie des Erzengelfürsten **Zadkiel** ein
Verwenden Sie die Duftmischung **1/3 Benzoeharz und 2/3 Elektra**

Haupteigenschaften:

Hilft, die Gabe der Selbstlosigkeit zu erlernen
Erleichtert Entspannung und Meditation
Hilft, die Persönlichkeit zu entfalten und stärkt uns den Rücken
Hilft bei Teufelsaustreibungen
Fördert die Spiritualität
Begünstigt Zukunftsträume

26. Schutzengel
HAAIAH

הָאאִיה

»Der verborgene Gott«

HERRSCHAFTEN

Physischer Engel der vom **26. bis 31. Juli** Geborenen

Emotionaler Engel der am **14. April, 25. Juni, 5. September, 16. November, 27. Januar** Geborenen

Spiritueller Engel der zwischen **8:20 und 8:39 Uhr** Geborenen

Psalm 119, Vers 145:
Ich rufe von ganzem Herzen; erhöre mich,
Herr, daß ich Deine Rechte halte!

Belebt durch die Energien von
Jupiter-Saturn

Einstimmung auf HAAIAH:

Visualisieren Sie die Farbe **Blau**
Schwingen Sie sich auf die Energie des Erzengelfürsten **Zadkiel** ein
Verwenden Sie die Duftmischung **1/3 Benzoeharz und 2/3 Styrax**

Haupteigenschaften:

Hilft bei der Lösung rechtlicher und finanzieller Angelegenheiten
Verhilft zu Leistungsfähigkeit im Berufsleben
Entwickelt Großzügigkeit und Güte
Hilft bei der beruflichen Orientierung
Läßt Vertrauen entstehen
Fördert Freundschaften

27. Schutzengel
YERATHEL

ירתאל

»Gott, der die Bösen bestraft«

HERRSCHAFTEN

Physischer Engel der vom **1. bis 5. August** Geborenen

Emotionaler Engel der am **15. April, 26. Juni, 6. September, 17. November, 28. Januar** Geborenen

Spiritueller Engel der zwischen **8:40 und 8:59 Uhr** Geborenen

Psalm 140, Vers 2:
Errette mich, Herr, von den bösen Menschen;
behüte mich vor den frevlerischen Leuten!

Belebt durch die Energien von
Jupiter-Jupiter

Einstimmung auf YERATHEL:

Visualisieren Sie die Farbe **Blau**
Schwingen Sie sich auf die Energie des Erzengelfürsten **Zadkiel** ein
Verwenden Sie die Duftmischung **3/3 Benzoeharz**

Haupteigenschaften:

Trägt dazu bei, Optimismus und Freude zu entwickeln
Schützt gegen rücksichtslose Widersacher
Begünstigt die Konkretisierung von Projekten
Fördert die Spiritualität
Läßt Großzügigkeit und Güte entstehen
Erleichtert das Studium von Philosophie und Theologie

28. Schutzengel
SEHEIAH

שאהיה

»Gott, der die Kranken heilt«

HERRSCHAFTEN

Physischer Engel der vom **6. bis 10. August** Geborenen

Emotionaler Engel der am **16. April, 27. Juni, 7. September, 18. November, 29. Januar** Geborenen

Spiritueller Engel der zwischen **9:00 und 9:19 Uhr** Geborenen

Psalm 71, Vers 12:
Gott, sei nicht ferne von mir;
mein Gott, eile, mir zu helfen!

Belebt durch die Energien von
Jupiter-Mars

Einstimmung auf SEHEIAH:

Visualisieren Sie die Farbe **Blau**
Schwingen Sie sich auf die Energie des Erzengelfürsten **Zadkiel** ein
Verwenden Sie die Duftmischung **1/3 Benzoeharz und 2/3 Muskat**

Haupteigenschaften:

Hilft, auch in ernsten Situationen optimistisch zu bleiben
Trägt dazu bei, begangene Fehler wiedergutzumachen
Entwickelt innere Kraft
Gewinnt die Beherrschung über Aggressivität und Ungeduld
Hilft gegen Müdigkeit und Krankheit
Schützt vor Unfällen

29. Schutzengel
REYIEL
ריאל

»Gott hilft schnell«

HERRSCHAFTEN

Physischer Engel der vom **11. bis 15. August** Geborenen

Emotionaler Engel der am **17. April, 28. Juni, 8. September, 19. November, 30. Januar** Geborenen

Spiritueller Engel der zwischen **9:20 und 9:39 Uhr** Geborenen

Psalm 54, Vers 6:
Siehe, Gott steht mir bei,
der Herr erhellt meine Seele!

Belebt durch die Energien von
Jupiter-Sonne

Einstimmung auf REYIEL:

Visualisieren Sie die Farbe **Blau**
Schwingen Sie sich auf die Energie des Erzengelfürsten **Zadkiel** ein
Verwenden Sie die Duftmischung **1/3 Benzoeharz und 2/3 Weihrauch**

Haupteigenschaften:

Entwickelt Willenskraft und Optimismus
Hilft beim Ausdruck in Wort und Schrift
Läßt Weisheit und innere Ausgeglichenheit entstehen
Entwickelt Großzügigkeit und Güte
Begünstigt beruflichen Erfolg
Hilft, die eigene Identität zu finden

30. Schutzengel
OMAEL

אומאל

»Der geduldige Gott«

HERRSCHAFTEN

Physischer Engel der vom **16. bis 20. August** Geborenen

Emotionaler Engel der am **18. April, 29. Juni, 9. September, 20. November, 31. Januar** Geborenen

Spiritueller Engel der zwischen **9:40 und 9:59 Uhr** Geborenen

Psalm 71, Vers 5:
Denn Du bist meine Zuversicht, Herr;
Herr, Du bist meine Hoffnung!

Belebt durch die Energien von
Jupiter-Venus

Einstimmung auf OMAEL:

Visualisieren Sie die Farbe **Blau**
Schwingen Sie sich auf die Energie des Erzengelfürsten **Zadkiel** ein
Verwenden Sie die Duftmischung **1/3 Benzoeharz und 2/3 Sandelholz**

Haupteigenschaften:

Hilft, Optimismus und Geselligkeit zu entwickeln
Begünstigt das Studium der Medizin und der Chemie
Hilft, Abkapselung zu vermeiden
Fördert Freundschaft und Liebe der Kinder zu den Eltern
Erleichtert die Erziehung der Kinder
Hilft, Güte und Toleranz zu lernen

31. Schutzengel
LECABEL
לכבאל

»Der erleuchtende Gott«

HERRSCHAFTEN

Physischer Engel der vom **21. bis 25. August** Geborenen

Emotionaler Engel der am **19. April, 30. Juni, 10. September, 21. November, 1. Februar** Geborenen

Spiritueller Engel der zwischen **10:00 und 10:19 Uhr** Geborenen

Psalm 71, Vers 16:
Ich gehe ein in die Kraft des Herrn;
ich preise Deine mächtigen Werke, oh Herr!

Belebt durch die Energien von
Jupiter-Merkur

Einstimmung auf LECABEL:

Visualisieren Sie die Farbe **Blau**
Schwingen Sie sich auf die Energie des Erzengelfürsten **Zadkiel** ein
Verwenden Sie die Duftmischung **1/3 Benzoeharz und 2/3 Mastix**

Haupteigenschaften:

Erleichtert den Ausdruck in Wort und Schrift
Entwickelt die Gabe der Vermittlung und Versöhnung
Begünstigt beruflichen Erfolg
Hilft beim Kampf gegen List und Tücke
Unterstützt den Bereich der Forschung
Fördert das Studium von Mathematik und Astronomie

32. Schutzengel
VASARIAH

ושריה

»Der gerechte Gott«

HERRSCHAFTEN

Physischer Engel der vom **26. bis 31. August** Geborenen

Emotionaler Engel der am **20. April, 1. Juli, 11. September, 22. November, 2. Februar** Geborenen

Spiritueller Engel der zwischen **10:20 und 10:39 Uhr** Geborenen

Psalm 33, Vers 4:
Denn des Herrn Wort ist wahrhaftig,
und was er zusagt, das hält er gewiß!

Belebt durch die Energien von
Jupiter-Mond

Einstimmung auf VASARIAH:

Visualisieren Sie die Farbe **Blau**
Schwingen Sie sich auf die Energie des Erzengelfürsten **Zadkiel** ein
Verwenden Sie die Duftmischung **1/3 Benzoeharz und 2/3 Myrrhe**

Haupteigenschaften:

Entwickelt Großzügigkeit und Güte
Leistet bei rechtlichen und finanziellen Angelegenheiten Beistand
Verhilft uns zu einem besseren Gedächtnis
Unterstützt die Arbeit der Innenschau
Hilft uns, Spiritualität zu entwickeln
Steht uns beim Kampf gegen Illusionen und Leichtgläubigkeit bei.

Der Engelchor der Kräfte

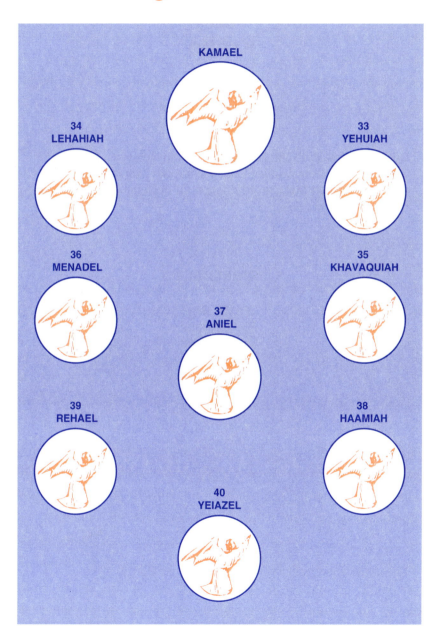

Engelchor der
Kräfte

Eigenschaften

Der Engelchor der Kräfte übermittelt den Menschen die Energie, mit deren Hilfe sie ihre wahre Identität entdecken können. Er verleiht den notwendigen Mut, um Prüfungen zu bestehen, und hilft beim Aufbau der Gerechtigkeit.

Charakteristika

Farbe: Rot
Planet: Mars
Duft: Muskat

* Leider existiert nicht für alle Engelchöre ein Porträt

Fürst des Chors der Kräfte

KAMAEL
Die Unerbittlichkeit Gottes

Porträt

Ein Engel mit vier strahlend weißen Flügeln, gekleidet in ein orange-farbenes Gewand, vor einer lodernden Flamme stehend, in den Händen ein flaches Schwert.

Eigenschaften

Kamael herrscht in der Welt von Geburah- die Strenge -, der fünften Sefira des Lebensbaums, dem Prinzip der Formgebung.

33. Schutzengel
YEHUIAH

»Gott, der alle Dinge kennt«

KRÄFTE

Physischer Engel der vom **1. bis 5. September** Geborenen

Emotionaler Engel der am **21. April, 2. Juli, 12. September, 23. November, 3. Februar** Geborenen

Spiritueller Engel der zwischen **10:40 und 10:59 Uhr** Geborenen

Psalm 94, Vers 11:
Aber der Herr weiß die Gedanken der Menschen, daß sie eitel sind!

Belebt durch die Energien von
Mars-Uranus

Einstimmung auf YEHUIAH:

Visualisieren Sie die Farbe **Rot**
Schwingen Sie sich auf die Energie des Erzengelfürsten **Kamael** ein
Verwenden Sie die Duftmischung **1/3 Muskat und 2/3 Elektra**

Haupteigenschaften:

Hilft, seine ureigenste Identität zu entdecken
Unterstützt die Suche nach einer beruflichen Aufgabe
Schützt gegen Unehrlichkeit
Hilft, Prüfungen zu bestehen
Entwickelt Willenskraft und Mut
Trägt dazu bei, dauerhafte Freundschaften entstehen zu lassen

34. Schutzengel
LEHAHIAH

לההיה

»Der gnädige Gott«

KRÄFTE

Physischer Engel der vom **6. bis 10. September** Geborenen

Emotionaler Engel der am **22. April, 3. Juli, 13. September, 24. November, 4. Februar** Geborenen

Spiritueller Engel der zwischen **11:00 und 11:19 Uhr** Geborenen

Psalm 130, Vers 5:
Ich harre des Herrn; meine Seele harrt,
und ich hoffe auf Sein Wort!

Belebt durch die Energien von
Mars-Saturn

Einstimmung auf LEHAHIAH:

Visualisieren Sie die Farbe **Rot**
Schwingen Sie sich auf die Energie des Erzengelfürsten **Kamael** ein
Verwenden Sie die Duftmischung **1/3 Muskat und 2/3 Styrax**

Haupteigenschaften:

Hilft, Anpassungsfähigkeit zu entwickeln
Läßt innere Ausgeglichenheit und Klarheit finden
Begünstigt beruflichen Erfolg
Trägt dazu bei, Frieden zu schaffen und zu bewahren
Fördert Konzentration und Gedächtnis
Unterstützt die Durchführung von Plänen

35. Schutzengel
KHAVAQUIAH

»Gott, der Freude schenkt«

KRÄFTE

Physischer Engel der vom **11. bis 15. September** Geborenen

Emotionaler Engel der am **23. April, 4. Juli, 14. September, 25. November, 5. Februar** Geborenen

Spiritueller Engel der zwischen **11:20 und 11:39 Uhr** Geborenen

Psalm 116, Vers 1:
Das ist mir lieb, daß der Herr meine Stimme und mein Flehen höret!

Belebt durch die Energien von
Mars-Jupiter

Einstimmung auf KHAVAQUIAH:

Visualisieren Sie die Farbe **Rot**
Schwingen Sie sich auf die Energie des Erzengelfürsten **Kamael** ein
Verwenden Sie die Duftmischung **1/3 Muskat und 2/3 Benzoeharz**

Haupteigenschaften:

Begünstigt beruflichen Erfolg
Entwickelt Willenskraft und Optimismus
Hilft bei der Suche nach einer beruflichen Aufgabe
Entwickelt Konzentration und Leistungsfähigkeit
Kämpft gegen Eitelkeit und Übertreibung
Unterstützt den Zusammenhalt der Familie

36. Schutzengel
MENADEL
מנדאל

»Der anbetungswürdige Gott«

KRÄFTE

Physischer Engel der vom **16. bis 20. September** Geborenen

Emotionaler Engel der am **24. April, 5. Juli, 15. September, 26. November, 6. Februa**r Geborenen

Spiritueller Engel der zwischen **11:40 und 11:59 Uhr** Geborenen

Psalm 25, Vers 8:
Der Herr ist gut und fromm,
darum unterweiset er die Sünder auf dem Wege!

Belebt durch die Energien von
Mars-Mars

Einstimmung auf MENADEL:

Visualisieren Sie die Farbe **Rot**
Schwingen Sie sich auf die Energie des Erzengelfürsten **Kamael** ein
Verwenden Sie die Duftmischung **3/3 Muskat**

Haupteigenschaften:

Entwickelt Mut und Offenheit
Hilft in schwierigen Situationen
Unterstützt den Kampf gegen Impulsivität und Aggressivität
Verhilft zu neuer Kraft
Hilft bei der Eingliederung in den Beruf
Hilft, sich von Komplexen aus der Vergangenheit zu befreien

37. Schutzengel
ANIEL

אניאל

»Gott der Kräfte«

KRÄFTE

Physischer Engel der vom **21. bis 25. September** Geborenen

Emotionaler Engel der am **25. April, 6. Juli, 16. September, 27. November, 7. Februar** Geborenen

Spiritueller Engel der zwischen **12:00 und 12:19 Uhr** Geborenen

Psalm 80, Vers 8:
Gott tröste uns, laß leuchten Dein Angesicht,
und wir werden errettet!

Belebt durch die Energien von
Mars-Sonne

Einstimmung auf ANIEL:

Visualisieren Sie die Farbe **Rot**
Schwingen Sie sich auf die Energie des Erzengelfürsten **Kamael** ein
Verwenden Sie die Duftmischung **1/3 Muskat und 2/3 Weihrauch**

Haupteigenschaften:

Hilft, Persönlichkeit und Selbstvertrauen zu entwickeln
Entwickelt Autorität
Unterstützt das Studium der Kosmogonie
Fördert den Zusammenhalt in Gruppen
Setzt sich ein für Solidarität und Hilfsbereitschaft
Verleiht Mut und verhilft dazu, Willenskraft zu entwickeln

38. Schutzengel
HAAMIAH

העמיה

»Gott, die Hoffnung aller Geschöpfe auf Erden«

KRÄFTE

Physischer Engel der vom **26. bis 30. September** Geborenen

Emotionaler Engel der am **26. April, 7. Juli, 17. September, 28. November, 8. Februar** Geborenen

Spiritueller Engel der zwischen **12:20 und 12:39 Uhr** Geborenen

Psalm 91, Vers 9:
Denn der Herr ist deine Zuversicht,
der Höchste ist deine Zuversicht!

Belebt durch die Energien von
Mars-Venus

Einstimmung auf HAAMIAH:

Visualisieren Sie die Farbe **Rot**
Schwingen Sie sich auf die Energie des Erzengelfürsten **Kamael** ein
Verwenden Sie die Duftmischung **1/3 Muskat und 2/3 Sandelholz**

Haupteigenschaften:

Unterstützt die Beherrschung der Emotionen
Erleichtert die Suche nach dem Seelenpartner
Fördert das Studium der Theologie
Hilft, die Triebe zu beherrschen
Unterstützt Exorzismus
Hilft, Kraft in der Liebe zu entwickeln

39. Schutzengel
REHAEL

רהעאל

»Gott, der die Sünder aufnimmt«

KRÄFTE

Physischer Engel der vom **1. bis 5. Oktober** Geborenen

Emotionaler Engel der am **27. April, 8. Juli, 18. September, 29. November, 9. Februar** Geborenen

Spiritueller Engel der zwischen **12:40 und 12:59 Uhr** Geborenen

Psalm 30, Vers 11:
Herr, höre, und sei mir gnädig.
Herr, sei mein Helfer!

Belebt durch die Energien von
Mars-Merkur

Einstimmung auf REHAEL:

Visualisieren Sie die Farbe **Rot**
Schwingen Sie sich auf die Energie des Erzengelfürsten **Kamael** ein
Verwenden Sie die Duftmischung **1/3 Muskat und 2/3 Mastix**

Haupteigenschaften:

Unterstützt die Entwicklung der Unterscheidungsfähigkeit
Hilft, Strenge und Sinn für Kommunikation zu entwickeln
Begünstigt die Heilung von Krankheiten
Fördert den Familienzusammenhalt
Läßt Offenheit und die Gabe der Vermittlung entstehen
Schützt vor Verleumdung

40. Schutzengel
YEIAZEL
ייזאל

»Gott, der sich freut«

KRÄFTE

Physischer Engel der vom **6. bis 10. Oktober** Geborenen

Emotionaler Engel der am **28. April, 9. Juli, 19. September, 30. November, 10. Februar** Geborenen

Spiritueller Engel der zwischen **13:00 und 13:19 Uhr** Geborenen

Psalm 88, Vers 15:
Warum verstößt Du, Herr, meine Seele,
und verbirgst Du Dein Antlitz vor mir?

Belebt durch die Energien von
Mars-Mond

Einstimmung auf YEIAZEL:

Visualisieren Sie die Farbe **Rot**
Schwingen Sie sich auf die Energie des Erzengelfürsten **Kamael** ein
Verwenden Sie die Duftmischung **1/3 Muskat und 2/3 Myrrhe**

Haupteigenschaften:

Hilft, Trauer zu überwinden
Trägt dazu bei, sich vom Einfluß anderer zu befreien
Begünstigt literarische Veröffentlichungen
Hilft, Mißerfolge anzunehmen
Fördert das Studium der Schönen Künste
Entwickelt Mut und Klarheit

Der Engelchor der Gewalten

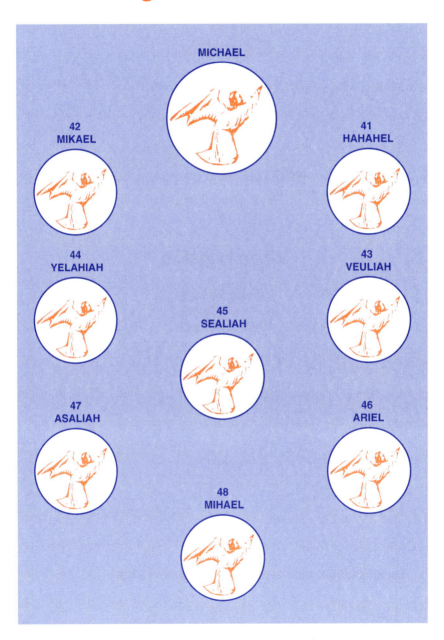

Engelchor der
Gewalten

Eigenschaften

Der Engelchor der Gewalten verleiht den Menschen die Fähigkeit zu herrschen. Er steht uns bei, wenn wir uns von äußeren Bedingungen befreien wollen.

Charakteristika

Farbe: Orange
Planet: Sonne
Duft: Weihrauch

* Leider existiert nicht für alle Engelchöre ein Porträt

Fürst des Chors der Gewalten

MICHAEL
Das Abbild Gottes

Porträt

Ein Engel mit vier strahlend weißen Flügeln, gekleidet in ein langes weiß-goldenes Gewand, der mit einem Drachen kämpft; seine Attribute sind eine Palme und eine weiße Fahne mit rotem Kreuz. Michael steht vor einer lodernden Flamme mit einem Schwert in den hocherhobenen Händen.

Eigenschaften

Michael herrscht in der Welt von Tiferet - die Schönheit - , der sechsten Sefira des Lebensbaums, dem Prinzip der wiedergewonnenen Einmaligkeit, dem Ursprung jeglicher erlösenden Kraft.

41. Schutzengel
HAHAHEL

»Der dreifaltige Gott«

GEWALTEN

Physischer Engel der vom **11. bis 15. Oktober** Geborenen

Emotionaler Engel der am **29. April, 10. Juli, 20. September, 1. Dezember, 11. Februar** Geborenen

Spiritueller Engel der zwischen **13:20 und 13:39 Uhr** Geborenen

Psalm 120, Vers 2:
Herr, errette meine Seele von den Lügenmäulern, von den falschen Zungen!

Belebt durch die Energien von
Sonne-Uranus

Einstimmung auf HAHAHEL:

Visualisieren Sie die Farbe **Orange**
Schwingen Sie sich auf die Energie des Erzengelfürsten **Michael** ein
Verwenden Sie die Duftmischung **1/3 Weihrauch und 2/3 Elektra**

Haupteigenschaften:

Begünstigt die Fähigkeit zu herrschen und zu führen
Schützt vor Verleumdung
Entwickelt Einfachheit und Bescheidenheit
Unterstützt das Studium der esoterischen Wissenschaften
Läßt Enthusiasmus und Lebensfreude entstehen
Erleichtert medizinische und paramedizinische Studien

42. Schutzengel
MIKAEL

מיכאל

»Haus Gottes, gottähnlich«

GEWALTEN

Physischer Engel der vom **16. bis 20. Oktober** Geborenen

Emotionaler Engel der am **30. April, 11. Juli, 21. September, 2. Dezember, 12. Februar** Geborenen

Spiritueller Engel der zwischen **13:40 und 13:59 Uhr** Geborenen

Psalm 121, Vers 7:
Der Herr behüte dich vor allem Übel;
er behüte deine Seele!

Belebt durch die Energien von
Sonne-Saturn

Einstimmung auf MIKAEL:

Visualisieren Sie die Farbe **Orange**
Schwingen Sie sich auf die Energie des Erzengelfürsten **Michael** ein
Verwenden Sie die Duftmischung **1/3 Weihrauch und 2/3 Styrax**

Haupteigenschaften:

Entwickelt die Fähigkeit, zu herrschen und zu regieren
Hilft beim Kampf gegen Unordnung
Läßt Optimismus und Lebensfreude entstehen
Schützt auf Reisen
Unterstützt das gute Einvernehmen in Gruppen
Fördert die Gabe der Bescheidenheit

43. Schutzengel
VEULIAH

וולִיה

»Der herrschende Gott«

GEWALTEN

Physischer Engel der vom **21. bis 25. Oktober** Geborenen

Emotionaler Engel der am **1. Mai, 12. Juli, 22. September, 3. Dezember, 13. Februar** Geborenen

Spiritueller Engel der zwischen **14:00 und 14:19 Uhr** Geborenen

Psalm 88, Vers 14:
Aber ich schreie zu Dir, Herr,
und mein Gebet kommt in der Frühe vor Dich!

Belebt durch die Energien von
Sonne-Jupiter

Einstimmung auf VEULIAH:

Visualisieren Sie die Farbe **Orange**
Schwingen Sie sich auf die Energie des Erzengelfürsten **Michael** ein
Verwenden Sie die Duftmischung **1/3 Weihrauch und 2/3 Benzoeharz**

Haupteigenschaften:

Entwickelt die Fähigkeit, mit Güte zu herrschen
Verhilft zu gutem Einvernehmen in beruflichen Beziehungen
Fördert die Gabe der Bescheidenheit
Unterstützt beim Aufbau und bei der Bewahrung des Friedens
Läßt Enthusiasmus und Lebensfreude entstehen
Hilft beim Kampf für die Schwachen und Unterdrückten

44. Schutzengel
YELAHIAH

ילהיה

»Der ewige Gott«

GEWALTEN

Physischer Engel der vom **26. bis 30. Oktober** Geborenen

Emotionaler Engel der am **2. Mai, 13. Juli, 23. September, 4. Dezember, 14. Februar** Geborenen

Spiritueller Engel der zwischen **14:20 und 14:39 Uhr** Geborenen

Psalm 119, Vers 108:
Laß Dir gefallen Herr, das willige Opfer meines Mundes, und lehre mich meine Rechte!

Belebt durch die Energien von
Sonne-Mars

Einstimmung auf YELAHIAH:

Visualisieren Sie die Farbe **Orange**
Schwingen Sie sich auf die Energie des Erzengelfürsten **Michael** ein
Verwenden Sie die Duftmischung **1/3 Weihrauch und 2/3 Muskat**

Haupteigenschaften:

Entwickelt die Fähigkeit, mit Autorität zu herrschen
Schützt bei Reisen
Unterstützt rechtliche und finanzielle Angelegenheiten
Erleichtert den Eintritt in Einweihungsschulen
Hilft, Impulsivität und Aggressivität unter Kontrolle zu halten
Entwickelt Mut und Ehrlichkeit

45. Schutzengel
SEALIAH
סאליה

»Der Beweger aller Dinge«

GEWALTEN

Physischer Engel der vom **31. Oktober bis 4. November** Geborenen

Emotionaler Engel der am **3. Mai, 14. Juli, 24. September, 5. Dezember, 15. Februar** Geborenen

Spiritueller Engel der zwischen **14:40 und 14:59 Uhr** Geborenen

Psalm 94, Vers 18:
Ich sprach: Mein Fuß hat gestrauchelt,
aber Deine Gnade, Herr, hielt mich!

Belebt durch die Energien von
Sonne-Sonne

Einstimmung auf SEALIAH:

Visualisieren Sie die Farbe **Orange**
Schwingen Sie sich auf die Energie des Erzengelfürsten **Michael** ein
Verwenden Sie die Duftmischung **3/3 Weihrauch**

Haupteigenschaften:

Entwickelt die Fähigkeit zu regieren
Begünstigt die Heilung
Entwickelt Bescheidenheit und Kampf gegen Eitelkeit
Hilft, die Identität zu fördern
Läßt uns neue Energie schöpfen und gesund bleiben
Unterstützt Kampf gegen Tyrannei und absoluten Autoritätsanspruch

46. Schutzengel
ARIEL
עריאל

»Gott, der Offenbarer«

GEWALTEN

Physischer Engel der vom **5. bis 9. November** Geborenen

Emotionaler Engel der am **4. Mai, 15. Juli, 25. September, 6. Dezember, 16. Februar** Geborenen

Spiritueller Engel der zwischen **15:00 und 15:19 Uhr** Geborenen

Psalm 145, Vers 9:
Der Herr ist allen gütig
und erbarmet sich aller seiner Werke!

Belebt durch die Energien von
Sonne-Venus

Einstimmung auf ARIEl:

Visualisieren Sie die Farbe **Orange**
Schwingen Sie sich auf die Energie des Erzengelfürsten **Michael** ein
Verwenden Sie die Duftmischung **1/3 Weihrauch und 2/3 Sandelholz**

Haupteigenschaften:

Entwickelt die Fähigkeit, mit Liebe zu herrschen
Hilft, seinen Weg im Leben zu finden
Erleichtert wissenschaftliche Forschungen
Kämpft gegen Entschlußlosigkeit und fördert Pflichtbewußtsein
Fördert Zukunftsträume
Entwickelt Willenskraft und vermindert Beeinflussung durch andere

47. Schutzengel
ASALIAH
עשליה

»Der gerechte Gott, der die Wahrheit spricht«

GEWALTEN

Physischer Engel der vom **10. bis 14. November** Geborenen

Emotionaler Engel der am **5. Mai, 16. Juli, 26. September, 7. Dezember, 17. Februar** Geborenen

Spiritueller Engel der zwischen **15:20 und 15:39 Uhr** Geborenen

Psalm 104, Vers 24:
Herr, wie sind Deine Werke so groß und viel! Du hast sie alle weislich geordnet, und die Erde ist voll Deiner Güter!

Belebt durch die Energien von
Sonne-Merkur

Einstimmung auf ASALIAH:

Visualisieren Sie die Farbe **Orange**
Schwingen Sie sich auf die Energie des Erzengelfürsten **Michael** ein
Verwenden Sie die Duftmischung **1/3 Weihrauch und 2/3 Mastix**

Haupteigenschaften:

Hilft, mit Einsicht zu herrschen
Trägt dazu bei, Glauben und Ethik zu entwickeln
Kämpft gegen Lüge und Unaufrichtigkeit
Hilft, Täuschungen und Betrügereien zu entlarven
Begünstigt Kommunikation und Vermittlung
Unterstützt gerichtliche und finanzielle Dinge

48. Schutzengel
MIHAEL
מיהאל

»Gott, der hilfreiche Vater«

GEWALTEN

Physischer Engel der vom **15. bis 19. November** Geborenen

Emotionaler Engel der am **6. Mai, 17. Juli, 27. September, 8. Dezember, 18. Februar** Geborenen

Spiritueller Engel der zwischen **15:40 und 15:59 Uhr** Geborenen

Psalm 98, Vers 2:
Der Herr läßt sein Heil verkündigen;
vor den Völkern läßt er seine Gerechtigkeit offenbaren!

Belebt durch die Energien von
Sonne-Mond

Einstimmung auf MIHAEL:

Visualisieren Sie die Farbe **Orange**
Schwingen Sie sich auf die Energie des Erzengelfürsten **Michael** ein
Verwenden Sie die Duftmischung **1/3 Weihrauch und 2/3 Myrrhe**

Haupteigenschaften:

Hilft, klug und weise zu regieren
Erleichtert wissenschaftliche Untersuchungen
Fördert Verständigung und Harmonie in der Familie
Entwickelt Selbstvertrauen und Willenskraft
Unterstützt Exorzismus-Rituale
Hilft, Generationskonflikte zu vermeiden

Der Engelchor der Fürstentümer

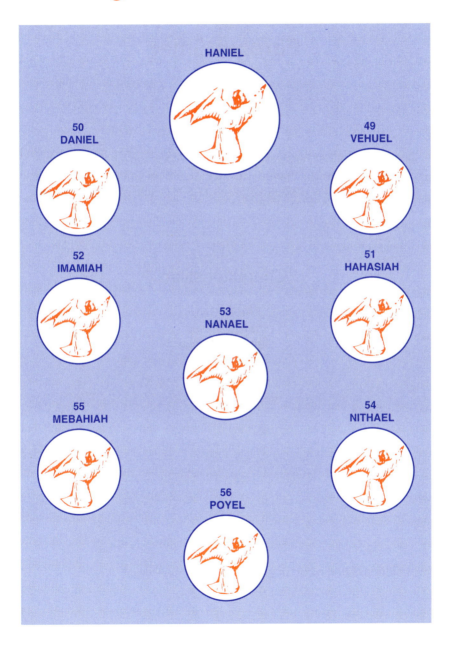

Engelchor der
Fürstentümer

Eigenschaften

Der Engelchor der Fürstentümer regt im Menschen die Fähigkeit an, Bande der Liebe zu knüpfen. Er weckt den Sinn für das Schöne und trägt dazu bei, die sieben Chakren des menschlichen Körpers zu öffnen.

Charakteristika

Farbe: Gelb
Planet: Venus
Duft: Sandelholz

* Leider existiert nicht für alle Engelchöre ein Porträt

Fürst des Chors der Fürstentümer

HANIEL
Die Gnade Gottes

Porträt

Ein Engel mit strahlend weißen Flügeln, gekleidet in ein langes rosa-farbenes Gewand, der weiße Rosen in einer Falte seines Gewandes trägt.

Eigenschaften

Haniel wirkt in der Welt von Nezach - der Sieg - , der siebenten Sefira des Lebensbaums, dem Prinzip des Gleichgewichts zwischen Kraft und Form.

49. Schutzengel
VEHUEL
והואל

»Gott, groß und erhaben«

FÜRSTENTÜMER

Physischer Engel der vom **20. bis 24. November** Geborenen

Emotionaler Engel der am **7. Mai, 18. Juli, 28. September, 9. Dezember, 19. Februar** Geborenen

Spiritueller Engel der zwischen **16:00 und 16:19 Uhr** Geborenen

Psalm 145, Vers 3:
Der Herr ist groß und löblich
und seine Größe unausforschlich!

Belebt durch die Energien von
Venus-Uranus

Einstimmung auf VEHUEL:

Visualisieren Sie die Farbe **Gelb**
Schwingen Sie sich auf die Energie des Erzengelfürsten **Haniel** ein
Verwenden Sie die Duftmischung **1/3 Sandelholz und 2/3 Elektra**

Haupteigenschaften:

Entwickelt Güte und Großzügigkeit
Findet den Ausdruck in Wort und Schrift
Läßt ethisches Verhalten entstehen
Hilft, die Emotionen zu beherrschen
Trägt dazu bei, Kummer und Ärger zu überwinden
Entwickelt tolerantes Verhalten

50. Schutzengel
DANIEL
דניאל

»Das Zeichen der Barmherzigkeit«

FÜRSTENTÜMER

Physischer Engel der vom **25. bis 29. November** Geborenen

Emotionaler Engel der am **8. Mai, 19. Juli, 29. September, 10. Dezember, 20. Februar** Geborenen

Spiritueller Engel der zwischen **16:20 und 16:39 Uhr** Geborenen

Psalm 102, Vers 8:
Ich wache
und bin wie ein einsamer Vogel auf dem Dach!

Belebt durch die Energien von
Venus-Saturn

Einstimmung auf DANIEL:

Visualisieren Sie die Farbe **Gelb**
Schwingen Sie sich auf die Energie des Erzengelfürsten **Haniel** ein
Verwenden Sie die Duftmischung **1/3 Sandelholz und 2/3 Styrax**

Haupteigenschaften:

Hilft, das Stirnchakra auszugleichen
Entwickelt die Kraft der Liebe
Hilft, Enttäuschungen im Gefühlsbereich zu überwinden
Fördert die Entwicklung der Spiritualität
Unterstützt Entscheidungsfindungen
Hilft bei Prüfungen

51. Schutzengel
HAHASIAH

»Der verborgene Gott«

FÜRSTENTÜMER

Physischer Engel der vom **30. November bis 4. Dezember** Geborenen

Emotionaler Engel der am **9. Mai, 20. Juli, 30. September, 11. Dezember, 21. Februar** Geborenen

Spiritueller Engel der zwischen **16:40 und 16:59 Uhr** Geborenen

Psalm 104, Vers 31:
Die Ehre des Herrn ist ewig;
der Herr hat Wohlgefallen an seinen Werken!

Belebt durch die Energien von
Venus-Jupiter

Einstimmung auf HAHASIAH:

Visualisieren Sie die Farbe **Gelb**
Schwingen Sie sich auf die Energie des Erzengelfürsten **Haniel** ein
Verwenden Sie die Duftmischung **1/3 Sandelholz und 2/3 Benzoeharz**

Haupteigenschaften:

Hilft, das Kronenchakra auszugleichen
Fördert die Fähigkeit, sich anzupassen
Begünstigt die Kräuterheilkunde
Entwickelt Güte und Gastlichkeit
Unterstützt wissenschaftliche Studien und Untersuchungen
Hilft auf dem Gebiet der Tierheilkunde

52. Schutzengel
IMAMIAH

עממיה

»Gott, der über alles Erhabene«

FÜRSTENTÜMER

Physischer Engel der vom **5. bis 9. Dezember** Geborenen

Emotionaler Engel der am **10. Mai, 21. Juli, 1. Oktober, 12. Dezember, 22. Februar** Geborenen

Spiritueller Engel der zwischen **17:00 und 17:19 Uhr** Geborenen

Psalm 7, Vers 18:
Ich danke dem Herrn um seiner Gerechtigkeit willen,
und ich will loben den Namen des Herrn, des Allerhöchsten!

Belebt durch die Energien von
Venus-Mars

Einstimmung auf IMAMIAH:

Visualisieren Sie die Farbe **Gelb**
Schwingen Sie sich auf die Energie des Erzengelfürsten **Haniel** ein
Verwenden Sie die Duftmischung **1/3 Sandelholz und 2/3 Muskat**

Haupteigenschaften:

Hilft, das Sakralchakra auszugleichen
Steht uns bei finanziellen Transaktionen zur Seite
Fördert Willenskraft und Mut
Trägt dazu bei, die sexuellen Triebe zu beherrschen
Hilft, die eigene Energiequelle zu entdecken
Schützt auf Reisen

53. Schutzengel
NANAEL
נ נ א ל

»Gott, der die Stolzen von ihrem Thron holt«

FÜRSTENTÜMER

Physischer Engel der vom **10. bis 14. Dezember** Geborenen

Emotionaler Engel der am **11. Mai, 22. Juli, 2. Oktober, 13. Dezember, 23. Februar** Geborenen

Spiritueller Engel der zwischen **17:20 und 17:39 Uhr** Geborenen

Psalm 119, Vers 75:
Herr, ich weiß, daß Deine Gerichte gerecht sind, und Du hast mich treulich gedemütigt!

Belebt durch die Energien von
Venus-Sonne

Einstimmung auf NANAEl:

Visualisieren Sie die Farbe **Gelb**
Schwingen Sie sich auf die Energie des Erzengelfürsten **Haniel** ein
Verwenden Sie die Duftmischung **1/3 Sandelholz und 2/3 Weihrauch**

Haupteigenschaften:

Hilft, das Herzchakra auszugleichen
Unterstützt Nächstenliebe und Güte
Hilft bei der Durchführung von Projekten
Entwickelt Enthusiasmus und Mut
Trägt dazu bei, Eifersucht zu überwinden
Begünstigt Entspannung und Meditation

54. Schutzengel
NITHAEL

ניתאל

»König der Himmel«

FÜRSTENTÜMER

Physischer Engel der vom **15. bis 19. Dezember** Geborenen

Emotionaler Engel der am **12. Mai, 23. Juli, 3. Oktober, 14. Dezember, 24. Februar** Geborenen

Spiritueller Engel der zwischen **17:40 und 17:59 Uhr** Geborenen

Psalm 103, Vers 19:
Der Herr hat seinen Stuhl im Himmel bereit,
und sein Reich herrschet über alles!

Belebt durch die Energien von
Venus-Venus

Einstimmung auf NITHAEL:

Visualisieren Sie die Farbe **Gelb**
Schwingen Sie sich auf die Energie des Erzengelfürsten **Haniel** ein
Verwenden Sie die Duftmischung **3/3 Sandelholz**

Haupteigenschaften:

Hilft, das Sonnenchakra auszugleichen
Entwickelt Bescheidenheit
Hilft, Gefühle zu beherrschen
Schützt vor Unfällen
Erleichtert literarische Studien
Fördert Lebensfreude und geselliges Beisammensein

55. Schutzengel
MEBAHIAH

מבהיה

»Der ewige Gott«

FÜRSTENTÜMER

Physischer Engel der vom **20. bis 24. Dezember** Geborenen

Emotionaler Engel der am **13. Mai, 24. Juli, 4. Oktober, 15. Dezember, 25. Februar** Geborenen

Spiritueller Engel der zwischen **18:00 und 18:19 Uhr** Geborenen

Psalm 102, Vers 13:
Du aber, Herr, bleibest ewiglich,
und Dein Gedächtnis für und für!

Belebt durch die Energien von
Venus-Merkur

Einstimmung auf MEBAHIAH:

Visualisieren Sie die Farbe **Gelb**
Schwingen Sie sich auf die Energie des Erzengelfürsten **Haniel** ein
Verwenden Sie die Duftmischung **1/3 Sandelholz und 2/3 Mastix**

Haupteigenschaften:

Entwickelt Güte und Nächstenliebe
Hilft, das Halschakra auszugleichen
Unterstützt die spirituelle Entwicklung
Trägt dazu bei, das Gedächtnis zu verbessern
Fördert den Kampf gegen Lüge und Heuchelei
Hilft, in Prüfungen zu bestehen

56. Schutzengel
POYEL
פויאל

»Gott, der das Universum unterhält«

FÜRSTENTÜMER

Physischer Engel der vom **25. bis 29. Dezember** Geborenen

Emotionaler Engel der am **14. Mai, 25. Juli, 5. Oktober, 16. Dezember, 26. Februar** Geborenen

Spiritueller Engel der zwischen **18:20 und 18:39 Uhr** Geborenen

Psalm 145, Vers 14:
Der Herr erhält alle, die da fallen,
und richtet auf alle, die niedergeschlagen sind!

Belebt durch die Energien von
Venus-Mond

Einstimmung auf POYEL:

Visualisieren Sie die Farbe **Gelb**
Schwingen Sie sich auf die Energie des Erzengelfürsten **Haniel** ein
Verwenden Sie die Duftmischung **1/3 Sandelholz und 2/3 Myrrhe**

Haupteigenschaften:

Hilft, das Wurzelchakra auszugleichen
Trägt dazu bei, Bescheidenheit und Demut zu entwickeln
Unterstützt die Durchführung von Projekten
Hilft gegen Schüchternheit und gegen den Einfluß anderer Menschen
Schützt vor Reizbarkeit und Aggressivität
Läßt die Mutterliebe wachsen

Der Engelchor der Erzengel

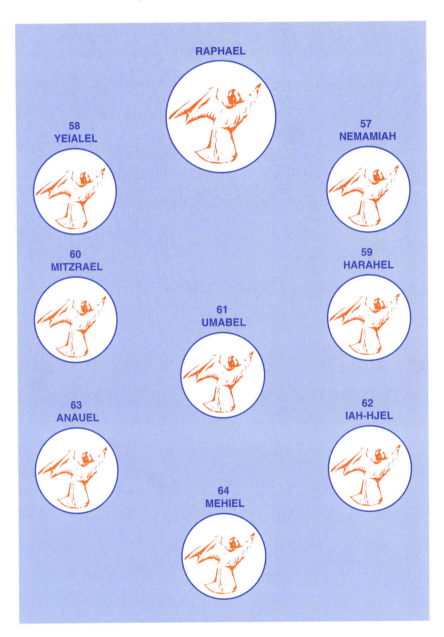

Engelchor der
Erzengel

Eigenschaften

Der Engelchor der Erzengel weckt im Menschen die Fähigkeit, Bande der Liebe zu knüpfen. Er fördert den Wahrnehmungssinn. Er trägt dazu bei, die Wege der Mystik und der Wissenschaft miteinander zu vereinen. Er hilft dem Menschen bei der Suche nach Wissen und Wahrheit.

Charakteristika

Farbe: Violett
Planet: Merkur
Duft: Mastix

* Leider existiert nicht für alle Engelchöre ein Porträt

Fürst des Chors der Erzengel

RAPHAEL
Der göttliche Heiler

Porträt

Ein Engel mit strahlend weißen Flügeln, gekleidet in ein langes grau-grünes Gewand, in der Hand eine Pyxis (Hostienbehälter), an der anderen ein Kind mit einem großen Fisch.

Eigenschaften

Raphael wirkt in der Welt von Hod - der Ruhm - , der achten Sefira des Lebensbaums, dem Prinzip der absoluten Intelligenz.

57. Schutzengel
NEMAMIAH

נממיה

»Der lobenswerte Gott«

ERZENGEL

Physischer Engel der vom **30. Dezember bis 3. Januar** Geborenen

Emotionaler Engel der am **15. Mai, 26. Juli, 6. Oktober, 17. Dezember, 27. Februar** Geborenen

Spiritueller Engel der zwischen **18:40 und 18:59 Uhr** Geborenen

Psalm 115, Vers 11:
Die den Herrn fürchten, hoffen auf den Herrn,
er ist ihre Hilfe und ihr Schild!

Belebt durch die Energien von
Merkur-Uranus

Einstimmung auf NEMAMIAH:

Visualisieren Sie die Farbe **Violett**
Schwingen Sie sich auf die Energie des Erzengelfürsten **Raphael** ein
Verwenden Sie die Duftmischung **1/3 Mastix und 2/3 Elektra**

Haupteigenschaften:

Entwickelt Intuition und Vorstellungskraft
Verhilft zu Warnträumen
Fördert Urteilskraft durch Erkennen des äußeren Scheins
Trägt zur Heilung psychischer Probleme bei
Hilft, finanzielle Probleme zu lösen
Unterstützt den Kampf für Gerechtigkeit

58. Schutzengel
YEIALEL
יילאל

»Gott, der die Generationen erhöht«

ERZENGEL

Physischer Engel der vom **4. bis 8. Januar** Geborenen

Emotionaler Engel der am **16. Mai, 27. Juli, 7. Oktober, 18. Dezember, 28. Februar, 29. Februar** Geborenen

Spiritueller Engel der zwischen **19:00 und 19:19 Uhr** Geborenen

Psalm 6, Vers 3:
Herr, sei mir gnädig, denn ich bin schwach;
heile mich, Herr, denn meine Gebeine sind erschrocken!

Belebt durch die Energien von
Merkur-Saturn

Einstimmung auf YEIALEL:

Visualisieren Sie die Farbe **Violett**
Schwingen Sie sich auf die Energie des Erzengelfürsten **Raphael** ein
Verwenden Sie die Duftmischung **1/3 Mastix und 2/3 Styrax**

Haupteigenschaften:

Hilft, Prüfungen zu bestehen
Unterstützt das Studium der Astronomie und der Wissenschaften
Fördert die Konzentration
Unterstützt Heilung, vor allem im Bereich der Augen
Entwickelt Urteilskraft und analytischen Verstand
Schützt vor unehrlichen Menschen

59. Schutzengel
HARAHEL

הראל

»Gott, der alle Dinge weiß«

ERZENGEL

Physischer Engel der vom **9. bis 13. Januar** Geborenen

Emotionaler Engel der am **17. Mai, 28. Juli, 8. Oktober, 19. Dezember, 1. März** Geborenen

Spiritueller Engel der zwischen **19:20 und 19:39 Uhr** Geborenen

Psalm 113, Vers 3:
Von Aufgang der Sonne bis zu ihrem Niedergang
sei gelobet der Name des Herrn!

Belebt durch die Energien von
Merkur-Jupiter

Einstimmung auf HARAHEL:

Visualisieren Sie die Farbe **Violett**
Schwingen Sie sich auf die Energie des Erzengelfürsten **Raphael** ein
Verwenden Sie die Duftmischung **1/3 Mastix und 2/3 Benzoeharz**

Haupteigenschaften:

Unterstützt arithmetische Studien
Fördert die Fähigkeit zu Analyse und Synthese
Verhilft zu Spiritualität
Trägt zum Verständnis innerhalb der Familie bei
Entwickelt die Fähigkeit der Urteilskraft
Hilft, finanzielle Probleme zu lösen

60. Schutzengel
MITZRAEL
מצראל

»Gott, der die Bedrückten tröstet«

ERZENGEL

Physischer Engel der vom **14. bis 18. Januar** Geborenen

Emotionaler Engel der am **18. Mai, 29. Juli, 9. Oktober, 20. Dezember, 2. März** Geborenen

Spiritueller Engel der zwischen **19:40 und 19:59 Uhr** Geborenen

Psalm 145, Vers 17:
Der Herr ist gerecht in seinen Wegen
und heilig in allen seinen Werken!

Belebt durch die Energien von
Merkur-Mars

Einstimmung auf MITZRAEL:

Visualisieren Sie die Farbe **Violett**
Schwingen Sie sich auf die Energie des Erzengelfürsten **Raphael** ein
Verwenden Sie die Duftmischung **1/3 Mastix und 2/3 Muskat**

Haupteigenschaften:

Begünstigt Versöhnung
Unterstützt den Ausdruck in Wort und Schrift
Hilft, Urteilsfähigkeit zu entwickeln
Fördert das Studium der Geometrie
Unterstützt die Behandlung psychischer Erkrankungen
Hilft gegen Labilität

61. Schutzengel
UMABEL

ומבאל

»Gott über allen Dingen«

ERZENGEL

Physischer Engel der vom **19. bis 23. Janua**r Geborenen

Emotionaler Engel der am **19. Mai, 30. Juli, 10. Oktober, 21. Dezember, 3. März** Geborenen

Spiritueller Engel der zwischen **20:00 und 20:19 Uhr** Geborenen

Psalm 113, Vers 2:
Gelobet sei des Herrn Name
von nun an bis in Ewigkeit!

Belebt durch die Energien von
Merkur-Sonne

Einstimmung auf UMABEL:

Visualisieren Sie die Farbe **Violett**
Schwingen Sie sich auf die Energie des Erzengelfürsten **Raphael** ein
Verwenden Sie die Duftmischung **1/3 Mastix und 2/3 Weihrauch**

Haupteigenschaften:

Fördert das Studium der Musik
Begünstigt freundschaftliche Beziehungen
Entwickelt Urteilskraft
Hilft beim Studium der Astrologie und der Physik
Fördert die Gabe der Großzügigkeit und Güte
Läßt uns Bescheidenheit lernen

62. Schutzengel
IAH-HJEL

יהאל

»Gott, das höchste Wesen«

ERZENGEL

Physischer Engel der vom **24. bis 28. Januar** Geborenen

Emotionaler Engel der am **20. Mai, 31. Juli, 11. Oktober, 22. Dezember, 4. März** Geborenen

Spiritueller Engel der zwischen **20:20 und 20:39 Uhr** Geborenen

Psalm 119, Vers 159:
Siehe, ich liebe Deine Befehle:
Herr, erquicke mich nach Deiner Gnade!

Belebt durch die Energien von
Merkur-Venus

Einstimmung auf IAH-HJEL

Visualisieren Sie die Farbe **Violett**
Schwingen Sie sich auf die Energie des Erzengelfürsten **Raphael** ein
Verwenden Sie die Duftmischung **1/3 Mastix und 2/3 Sandelholz**

Haupteigenschaften:

Erleichtert das Studium der Philosophie
Hilft, Spiritualität zu entfalten
Verstärkt Persönlichkeit und Selbstvertrauen
Hilft im Bereich der Rhetorik
Begünstigt die Verständigung innerhalb der Familie
Unterstützt das Studium der Theologie

63. Schutzengel
ANAUEL
ענואל

»Der unendlich gute Gott«

ERZENGEL

Physischer Engel der vom **29. Januar bis 2. Februar** Geborenen

Emotionaler Engel der am **21. Mai, 1. August, 12. Oktober, 23. Dezember, 5. März** Geborenen

Spiritueller Engel der zwischen **20:40 und 20:59 Uhr** Geborenen

Psalm 2, Vers 11:
Dienet dem Herrn mit Furcht
und freuet euch mit Zittern!

Belebt durch die Energien von
Merkur-Merkur

Einstimmung auf ANAUEL:

Visualisieren Sie die Farbe **Violett**
Schwingen Sie sich auf die Energie des Erzengelfürsten **Raphael** ein
Verwenden Sie die Duftmischung **3/3 Mastix**

Haupteigenschaften:

Hilft auf dem Gebiet der Heilung
Schützt vor Unfällen
Fördert die Kraft der Logik und der Argumentation
Hilft bei der Lösung finanzieller Probleme
Entwickelt Hellsichtigkeit
Überwindet Reizbarkeit und Rachsucht

64. Schutzengel
MEHIEL

מחיאל

»Gott, der alle Dinge mit Leben erfüllt«

ERZENGEL

Physischer Engel der vom **3. bis 7. Februar** Geborenen

Emotionaler Engel der am **22. Mai, 2. August, 13. Oktober, 24. Dezember, 6. März** Geborenen

Spiritueller Engel der zwischen **21:00 und 21:19 Uhr** Geborenen

Psalm 111, Vers 2:
Groß sind die Werke des Herrn.
Wer ihrer achtet, der hat Freude daran!

Belebt durch die Energien von
Merkur-Mond

Einstimmung auf MEHIEL:

Visualisieren Sie die Farbe **Violett**
Schwingen Sie sich auf die Energie des Erzengelfürsten **Raphael** ein
Verwenden Sie die Duftmischung **1/3 Mastix und 2/3 Myrrhe**

Haupteigenschaften:

Hilft, die Gabe der Vorahnung zu entwickeln
Steht uns bei Schwierigkeiten zur Seite
Erleichtert das Schreiben und Veröffentlichen von Büchern
Fördert das Urteilsvermögen
Unterstützt das Lernen von Sprachen und ihrer Grammatik
Hilft, die eigene Identität und Selbstvertrauen zu entwickeln

Der Engelchor der Engel

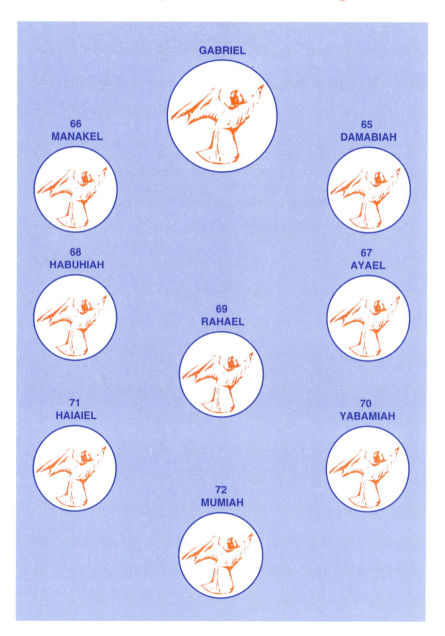

Engelchor der Engel

Eigenschaften

Der Engelchor der Engel hilft dem Menschen auf seinem Weg der Selbstverwirklichung. Er begünstigt den Wunsch nach Innenschau und trägt dazu bei, sowohl Verdrängtes als auch Begabungen ans Licht zu bringen. Er hilft, nur die positiven Seiten des Lebens zu sehen. Er ist Hüter des Lebens und des Todes.

Charakteristika

Farbe: Grün
Planet: Mond
Duft: Myrrhe

* Leider existiert nicht für alle Engelchöre ein Porträt

Fürst des Chors der Engel

GABRIEL
Das Werk Gottes

Porträt

Ein Engel mit zwei strahlend weißen Flügeln, gekleidet in ein langes, bläulich-weißes Gewand, in den Händen eine brennende rubinrote Lampe.

Eigenschaften

Gabriel wirkt in der Welt von Jesod - das Fundament - , der neunten Sefira des Lebensbaums, dem Ort, an dem sich die schöpferischen Kräfte und Substanzen manifestieren.

65. Schutzengel
DAMABIAH

דמביה

»Gott, Quelle der Weisheit«

ENGEL

Physischer Engel der vom **8. bis 12. Februar** Geborenen

Emotionaler Engel der am **23. Mai, 3. August, 14. Oktober, 25. Dezember, 7. März** Geborenen

Spiritueller Engel der zwischen **21:20 und 21:39 Uhr** Geborenen

Psalm 90, Vers 13:
Herr, kehre Dich doch wieder zu uns
und sei Deinen Knechten gnädig!

Belebt durch die Energien von
Mond-Uranus

Einstimmung auf DAMABIAH:

Visualisieren Sie die Farbe **Grün**
Schwingen Sie sich auf die Energie des Erzengelfürsten **Gabriel** ein
Verwenden Sie die Duftmischung **1/3 Myrrhe und 2/3 Elektra**

Haupteigenschaften:

Läßt Intuition und Spiritualität wachsen
Begünstigt Entspannung und Meditation
Schützt das Meer und seine Bewohner
Fördert die Sensibilität während übersinnlicher Kontakte
Unterstützt Exorzismus-Rituale
Hilft bei psychischen Problemen

66. Schutzengel
MANAKEL
מנקאל

»Gott, der allen Dingen hilft und sie unterhält«

ENGEL

Physischer Engel der vom **13. bis 17. Februar** Geborenen

Emotionaler Engel der am **24. Mai, 4. August, 15. Oktober, 26. Dezember, 8. März** Geborenen

Spiritueller Engel der zwischen **21:40 und 21:59 Uhr** Geborenen

Psalm 38, Vers 22:
Verlaß mich nicht, Herr!
Mein Gott, sei nicht ferne von mir!

Belebt durch die Energien von
Mond-Saturn

Einstimmung auf MANAKEL:

Visualisieren Sie die Farbe **Grün**
Schwingen Sie sich auf die Energie des Erzengelfürsten **Gabriel** ein
Verwenden Sie die Duftmischung **1/3 Myrrhe und 2/3 Styrax**

Haupteigenschaften:

Verhindert Isolation und Introvertiertheit
Fördert Warnträume
Unterstützt das Gedächtnis
Fördert gesunden Schlaf
Hilft gegen Angst und Appetitlosigkeit
Steht uns bei Depression und Melancholie zur Seite

67. Schutzengel
AYAEL
איעאל

»Gott, Freude der Kinder und der Menschen«

ENGEL

Physischer Engel der vom **18. bis 22. Februar** Geborenen

Emotionaler Engel der am **25. Mai, 5. August, 16. Oktober, 27. Dezember, 9. März** Geborenen.

Spiritueller Engel der zwischen **22:00 und 22:19 Uhr** Geborenen

Psalm 37, Vers 4:
Habe deine Lust am Herrn, der wird dir geben, was dein Herz begehrt!

Belebt durch die Energien von
Mond-Jupiter

Einstimmung auf AYAEL:

Visualisieren Sie die Farbe **Grün**
Schwingen Sie sich auf die Energie des Erzengelfürsten **Gabriel** ein
Verwenden Sie die Duftmischung **1/3 Myrrhe und 2/3 Benzoeharz**

Haupteigenschaften:

Hilft, Prüfungen zu bestehen
Fördert das Studium der Wissenschaften
Verhilft zum persönlichen Magnetismus
Entwickelt Spiritualität
Trägt dazu bei, die Wollust zu besiegen
Hilft, den Weg der Weisheit zu finden

68. Schutzengel
HABUHIAH

חבויה

»Der großzügige Gott«

ENGEL

Physischer Engel der vom **23. bis 28. Februar** Geborenen

Emotionaler Engel der am **26. Mai, 6. August, 17. Oktober, 28. Dezember, 10. März** Geborenen

Spiritueller Engel der zwischen **22:20 und 22:39 Uhr** Geborenen

Psalm 106, Vers 1:
Danket dem Herrn, denn er ist freundlich
und seine Güte währet ewiglich!

Belebt durch die Energien von
Mond-Mars

Einstimmung auf HABUHIAH:

Visualisieren Sie die Farbe **Grün**
Schwingen Sie sich auf die Energie des Erzengelfürsten **Gabriel** ein
Verwenden Sie die Duftmischung **1/3 Myrrhe und 2/3 Muskat**

Haupteigenschaften:

Hilft bei Heilung
Unterstützt Landwirtschaft und Ökologie
Hilft, mit Wut und Aggressivität umzugehen
Fördert die Gabe der Vorahnung
Trägt dazu bei, die Triebe zu bändigen
Hilft bei Labilität

69. Schutzengel
RAHAEL

לאהאר

»Gott, der alles sieht«

ENGEL

Physischer Engel der vom **29. Februar bis 4. März** Geborenen

Emotionaler Engel der am **27. Mai, 7. August, 18. Oktober, 29. Dezember, 11. März** Geborenen

Spiritueller Engel der zwischen **22:40 und 22:59 Uhr** Geborenen

Psalm 16, Vers 5:
Der Herr aber ist mein Gut und mein Teil;
Du bist es, der mein Los in Händen hält!

Belebt durch die Energien von
Mond-Sonne

Einstimmung auf RAHAEL:

Visualisieren Sie die Farbe **Grün**
Schwingen Sie sich auf die Energie des Erzengelfürsten **Gabriel** ein
Verwenden Sie die Duftmischung **1/3 Myrrhe und 2/3 Weihrauch**

Haupteigenschaften:

Entwickelt die Gabe der Hellsichtigkeit
Fördert das Studium von Recht und Wirtschaft
Hilft bei Gerichtsprozessen
Hilft, schwierige Situationen zu meistern
Entwickelt Bescheidenheit und Brüderlichkeit
Stärkt uns im Bestreben, Stolz und Habgier zu überwinden

70. Schutzengel
YABAMIAH

יבמיה

»Das Wort, aus dem alles entsteht«

ENGEL

Physischer Engel der vom **5. bis 9. März** Geborenen

Emotionaler Engel der am **28. Mai, 8. August, 19. Oktober, 30. Dezember, 12. März** Geborenen

Spiritueller Engel der zwischen **23:00 und 23:19 Uhr** Geborenen

Genesis 1, Vers 1:
Am Anfang schuf Gott
Himmel und Erde!

Belebt durch die Energien von
Mond-Venus

Einstimmung auf YABAMIAH:

Visualisieren Sie die Farbe **Grün**
Schwingen Sie sich auf die Energie des Erzengelfürsten **Gabriel** ein
Verwenden Sie die Duftmischung **1/3 Myrrhe und 2/3 Sandelholz**

Haupteigenschaften:

Hilft, Spiritualität zu entwickeln
Wirkt mit, sich dem Einfluß der anderen zu entziehen
Trägt dazu bei, künstlerische Gaben zu entfalten
Fördert das Studium von Philosophie und Psychologie
Entwickelt Mut und Willenskraft
Begünstigt die Urteilskraft

71. Schutzengel
HAIAIEL
היאל

»Gott, Herrscher des Universums«

ENGEL

Physischer Engel der vom **10. bis 14. März** Geborenen

Emotionaler Engel der am **29. Mai, 9. August, 20. Oktober, 31. Dezember, 13. März** Geborenen

Spiritueller Engel der zwischen **23:20 und 23:39 Uhr** Geborenen

Psalm 109, Vers 30:
Ich will dem Herrn sehr danken mit meinem Munde und ihn rühmen unter vielen!

Belebt durch die Energien von
Mond-Merkur

Einstimmung auf HAIAIEL:

Visualisieren Sie die Farbe **Grün**
Schwingen Sie sich auf die Energie des Erzengelfürsten **Gabriel** ein
Verwenden Sie die Duftmischung **1/3 Myrrhe und 2/3 Mastix**

Haupteigenschaften:

Trägt dazu bei, Kraft und Energie zurückzugewinnen
Hilft, Anpassungsfähigkeit zu entwickeln
Fördert die Gabe des Hellhörens
Verhilft bei Unentschlossenheit zu Entscheidungen
Entwickelt Mut und Tapferkeit
Hilft, Sinn für Synthese zu entwickeln

72. Schutzengel
MUMIAH

מומיה

»Das Ende aller Dinge«

ENGEL

Physischer Engel der vom **15. bis 19. März** Geborenen

Emotionaler Engel der am **30. Mai, 10. August, 21. Oktober, 1. Januar, 14. März** Geborenen

Spiritueller Engel der zwischen **23:40 und 23:59 Uhr** Geborenen

Psalm 116, Vers 7:
Sei nun wieder zufrieden, meine Seele,
denn der Herr tut dir Gutes!

Belebt durch die Energien von
Mond-Mond

Einstimmung auf Mumiah:

Visualisieren Sie die Farbe **Grün**
Schwingen Sie sich auf die Energie des Erzengelfürsten **Gabriel** ein
Verwenden Sie die Duftmischung **3/3 Myrrhe**

Haupteigenschaften:

Hilft bei Depressionen und Angst
Unterstützt das Studium von Medizin und Wissenschaft
Stärkt die Willenskraft
Fördert die Gabe der Psychometrie
Hilft gegen die Neigung, sich beeinflussen zu lassen
Begünstigt Grundlagenforschung

Einige Tabellen zur Hilfe

Die Berechnung der Sonnenzeit Ihrer Geburtsstunde

Die gesetzliche Zeit Ihrer Geburt in Deutschland, Österreich und der Schweiz entspricht meist nicht der Sonnenzeit (GMT = Greenwich Mean Time), mit deren Hilfe Sie den Namen Ihres spirituellen Schutzengels finden. Um die Sonnenzeit Ihrer Geburtsstunde zu erhalten, müssen Sie die Anzahl der Stunden, die in dieser Tabelle angegeben sind, von Ihrer Geburtszeit abziehen.

DEUTSCHLAND

Seit 1.4.1893 gilt für Deutschland die Mitteleuropäische Zeit (MEZ = GMT + 1 Stunde, bei Sommerzeit GMT + 2 oder 3 Stunden)

MEZ-Sommerzeiten

vom	30.04.1916	23.00 Uhr	bis	01.10.1916	01.00 Uhr	GMT+2	Std.
vom	16.04.1917	02.00 Uhr	bis	17.09.1917	03.00 Uhr	GMT+2	Std.
vom	15.04.1918	02.00 Uhr	bis	16.09.1918	03.00 Uhr	GMT+2	Std.

MEZ
nur französisch besetzte Zone (mit Mainz, Koblenz, Köln, Wiesbaden, Mannheim):

vom	01.03.1919	23.00 Uhr	bis	06.10.1919	00.00 Uhr	GMT+1	Std.
vom	14.02.1920	23.00 Uhr	bis	26.10.1920	00.00 Uhr	GMT+1	Std.
vom	14.03.1921	23.00 Uhr	bis	26.10.1921	00.00 Uhr	GMT+1	Std.
vom	25.03.1922	23.00 Uhr	bis	08.10.1922	00.00 Uhr	GMT+1	Std.
vom	26.05.1923	23.00 Uhr	bis	07.10.1923	00.00 Uhr	GMT+1	Std.
vom	29.03.1924	23.00 Uhr	bis	05.10.1924	00.00 Uhr	GMT+1	Std.
vom	04.04.1925	23.00 Uhr	bis	04.10.1925	00.00 Uhr	GMT+1	Std.
vom	17.04.1926	23.00 Uhr	bis	03.10.1926	00.00 Uhr	GMT+1	Std.
vom	09.04.1927	23.00 Uhr	bis	02.10.1927	00.00 Uhr	GMT+1	Std.

MEZ-Sommerzeiten

vom	01.04.1940	02.00 Uhr	bis	02.11.1942	03.00 Uhr	GMT+2	Std.
vom	29.03.1943	02.00 Uhr	bis	04.10.1943	03.00 Uhr	GMT+2	Std.
vom	03.04.1944	02.00 Uhr	bis	02.10.1944	03.00 Uhr	GMT+2	Std.
vom	02.04.1945	02.00 Uhr	bis	16.09.1945	02.00 Uhr	GMT+2	Std.

MEZ-Sommerzeiten
nur Berlin und sowjetisch besetzte Zone:

vom	24.05.1945	02.00 Uhr	bis	24.09.1945	03.00 Uhr	GMT+3	Std.
vom	24.09.1945	03.00 Uhr	bis	18.11.1945	02.00 Uhr	GMT+2	Std.

MEZ-Sommerzeiten

vom	14.04.1946	02.00 Uhr	bis	07.10.1946	03.00 Uhr	GMT+2	Std.
vom	06.04.1947	03.00 Uhr	bis	11.05.1947	03.00 Uhr	GMT+2	Std.
vom	11.05.1947	03.00 Uhr	bis	29.06.1947	03.00 Uhr	GMT+3	Std.
vom	29.06.1947	03.00 Uhr	bis	05.10.1947	03.00 Uhr	GMT+2	Std.
vom	18.04.1948	02.00 Uhr	bis	03.10.1948	03.00 Uhr	GMT+2	Std.
vom	10.04.1949	02.00 Uhr*	bis	02.10.1949	03.00 Uhr	GMT+2	Std.

* Ostzone (ehemalige DDR): 3 Uhr.

MEZ
Ab 1950 Deutschland Ost
seit 07.10.1949 02.00 Uhr GMT+1 Std.
MEZ-Sommerzeiten
vom 06.04.1980 02.00 Uhr bis 28.09.1980 03.00 Uhr GMT+2 Std.
MEZ
Ab 1950 Deutschland West
seit 29.09.1949 02.00 Uhr GMT+1 Std.
MEZ-Sommerzeiten
vom 06.04.1980 02.00 Uhr bis 28.09.1980 03.00 Uhr GMT+2 Std.

Seit 1980 Beginn der Sommerzeit am letzten Sonntag im März und Ende der Sommerzeit am letzten Sonntag im September. Seit 1996 Ende der Sommerzeit am letzten Sonntag im Oktober.

ÖSTERREICH

Von 1891 an benutzte die Eisenbahn GMT+1 Std. In den meisten Städten wurde weiterhin die jeweilige Ortszeit benützt. Vom 1.4.1893 an benutzten auch einige kleinere Orte GMT+1 Std.

MEZ-Sommerzeiten

vom	30.4.1916	23.00	Uhr	bis	01.10.1916	01.00	Uhr	GMT+2 Std.
vom	16.4.1917	02.00	Uhr	bis	17.09.1917	02.00	Uhr	GMT+2 Std.
vom	15.4.1918	02.00	Uhr	bis	16.09.1918	02.00	Uhr	GMT+2 Std.
vom	28.4.1919	02.00	Uhr	bis	29.09.1919	03.00	Uhr	GMT+2 Std.
vom	05.4.1920	02.00	Uhr	bis	13.09.1920	03.00	Uhr	GMT+2 Std.
vom	01.4.1940	02.00	Uhr	bis	02.11.1942	03.00	Uhr	GMT+2 Std.
vom	01.4.1943	02.00	Uhr	bis	04.10.1943	03.00	Uhr	GMT+2 Std.
vom	01.4.1944	02.00	Uhr	bis	02.10.1944	03.00	Uhr	GMT+2 Std.
vom	01.4.1945	02.00	Uhr	bis	18.11.1945	03.00	Uhr	GMT+2 Std.
vom	14.4.1946	02.00	Uhr	bis	07.10.1946	03.00	Uhr	GMT+2 Std.
vom	06.4.1947	02.00	Uhr	bis	05.10.1947	03.00	Uhr	GMT+2 Std.
vom	18.4.1948	02.00	Uhr	bis	03.10.1948	03.00	Uhr	GMT+2 Std.
vom	06.4.1980	00.00	Uhr	bis	027.9.1980	24.00	Uhr	GMT+2 Std.

ab 1981 Teilnahme an Europäischer Sommerzeit

SCHWEIZ

Bis 1894 rechnete man mit GMT+30 Min., ab 1.6.1894 GMT+1 Std.

MEZ-Sommerzeiten

vom	3.6.1916	02.00	Uhr	bis	30.09.1916	00.00	Uhr	GMT+2 Std.
vom	5.5.1941	02.00	Uhr	bis	06.10.1941	00.00	Uhr	GMT+2 Std.
vom	4.5.1942	02.00	Uhr	bis	05.10.1942	00.00	Uhr	GMT+2 Std.

ab 1981 Teilnahme an Europäischer Sommerzeit

Struktur der Engel-Schwingungen

Nachstehend eine Tabelle, die es Ihnen erleichtern wird, sich auf die Energie Ihrer persönlichen drei Schutzengel einzuschwingen und mit diesen in Verbindung zu treten. Auch die Angabe der Haupteigenschaften Ihrer Engel wird Ihnen bei Ihrer Reise in das Reich der Engelwelten helfen.

Wenn Sie mit Ihren Engeln sehr intensiv arbeiten oder meditieren möchten, werden die Angaben dieser Tabelle natürlich nicht ausreichen. Hier aber finden Sie mit einem Blick das Thema, das Sie interessiert. Auf der entsprechenden Seite im Text sind die Einzelheiten zu den Engeln im Detail beschrieben.

Zur Tabelle: Auf der linken Buchseite zeigt die erste Spalte die Elemente, die die Engel einer Hierarchie gemeinsam haben, und die zweite, breite Spalte nennt ihre charakteristischen Merkmale.

Auf der rechten Buchseite sind die Aufgabenbereiche jedes einzelnen Engels durch Schlüsselworte angegeben, so daß Sie das eine oder andere Thema, das Sie interessiert, schnell finden können. Details finden Sie dann in der genauen Beschreibung der einzelnen Engel (Seite 160 bis 165).

Seraphim METATRON SERPANIM Neptun Gold 1/3 Oedipus	1 • Vehuiah 2 • Yeliel 3 • Sitael 4 • Elemiah 5 • Mahasiah 6 • Lelahel 7 • Achaiah 8 • Cahetel	Uranus Saturn Jupiter Mars Sonne Venus Merkur Mond	2/3 Elektra 2/3 Styrax 2/3 Benzoe 2/3 Muskat 2/3 Weihrauch 2/3 Sandelholz 2/3 Mastix 2/3 Myrrhe
Cherubim RAZIEL Uranus Silber 1/3 Elektra	9 • Haziel 10 • Aladiah 11 • Lauvuel 12 • Hahaiah 13 • Yezalel 14 • Mebahel 15 • Hariel 16 • Hakamiah	Uranus Saturn Jupiter Mars Sonne Venus Merkur Mond	2/3 Elektra 2/3 Styrax 2/3 Benzoe 2/3 Muskat 2/3 Weihrauch 2/3 Sandelholz 2/3 Mastix 2/3 Myrrhe
Throne ZAFKIEL Saturn Indigo 1/3 Styrax	17 • Lauviah 18 • Caliel 19 • Leuviah 20 • Pahaliah 21 • Nelchael 22 • Yeiaiel 23 • Melahel 24 • Haheuiah	Uranus Saturn Jupiter Mars Sonne Venus Merkur Mond	2/3 Elektra 2/3 Styrax 2/3 Benzoe 2/3 Muskat 2/3 Weihrauch 2/3 Sandelholz 2/3 Mastix 2/3 Myrrhe

1 • Hindernisse, Spiritualität, Wiederbelebung, Wissenschaften, Kampfgeist

2 • Großzügigkeit, Optimismus, Eheleben, Landwirtschaft, Bau, Kommunikation

3 • Philosophie, Religion, Geschäfte, Exzesse, Persönlichkeit, Schicksal, Vergangenheit

4 • Initiative, Mut, Dynamik, Beruf, Impulsivität, Aggressivität,

5 • Spiritualität, Bescheidenheit, Gemeinschaftssinn, Wissenschaften, Mathematik,Mißerfolge, Ethik

6 • Magnetismus, Kommunikation, Heilung, materielle Güter, Wollust, Gleichgewicht

7 • Materialismus, Literatur, Wissenschaft, Vermittlung, Güte, Journalismus, Sprache

8 • Intuition, Vorstellungskraft, Bescheidenheit, Wort und Schrift, Introvertiertheit, Exorzismus

9 • Nervosität, Isolation, Beziehungen, Perversion, Freundschaft, Finanztransaktionen, Heiterkeit, Frieden

10 • Heilung, Depression, Selbstvertrauen, Gastfreundschaft, Solidarität, Projekte

11 • Gesundheit, Exzesse, Freundschaft, Spiritualität, Innenschau, Eifersucht, Lüge

12 • Aggressivität, Impulsivität, Reflexion, Wahrheit, Fanatismus, Gerechtigkeit, Träume

13 • Demokratie, Gedächtnis, Lernfähigkeit, Frieden, Enthusiasmus, Schwierigkeiten

14 • Unterscheidungskraft, Klarheit, Zeugen, Harmonie, Gier,.Gerechtigkeit

15 • Sprache, Recht, Frieden, Spiritualität, Familie, Schlichtung, Anpassung

16 • Intuition, Sensibilität, Selbstvertrauen, Kontakt, Prophetie, Beruf, Leistungsfähigkeit

17 • Prüfungen, Wahrträume, Nervosität, energetisches Empfinden, Schlaflosigkeit

18 • Unterscheidungskraft, Ausdauer, Selbstbeherrschung, Analyse, Mutlosigkeit, Melancholie

19 • Künste, Literatur, Prüfungen, Spiritualität, Loyalität, Offenheit, Gerechtigkeit, Mut

20 • Gewalt, Empfindlichkeit, Mut, Bösartigkeit, Glauben, Ausdauer, Willensstärke

21 • Mathematik, Nervosität, Identität, Offenheit, Kabbala, Numerologie, Güte

22 • Gastfreundschaft, finanzielle Angelegenheiten, Universitätsstudium, finanzielle Verluste

23 • Objektivität, Prüfungen, Freundschaft, Kräuterheilkunde, Projekte

24 • Melancholie, Bescheidenheit, Einfachheit, Entscheidungen, Versöhnung, Verzeihen, Fehler

	#	Name	Planet	Duft
Herrschaften **ZADKIEL** Jupiter Blau 1/3 Benzoeharz	25 •	Nith-Haiah	Uranus	2/3 Elektra
	26 •	Haaiah	Saturn	2/3 Styrax
	27 •	Yerathel	Jupiter	2/3 Benzoeharz
	28 •	Seheiah	Mars	2/3 Muskat
	29 •	Reyiel	Sonne	2/3 Weihrauch
	30 •	Omael	Venus	2/3 Sandelholz
	31 •	Lecabel	Merkur	2/3 Mastix
	32 •	Vasariah	Mond	2/3 Myrrhe
Kräfte **CAMAEL** Mars Rot 1/3 Muskat	33 •	Yehuiah	Uranus	2/3 Elektra
	34 •	Lehahiah	Saturn	2/3 Styrax
	35 •	Khavaquiah	Jupiter	2/3 Benzoe
	36 •	Menadel	Mars	2/3 Muskat
	37 •	Aniel	Sonne	2/3 Weihrauch
	38 •	Haamiah	Venus	2/3 Sandelholz
	39 •	Rehael	Merkur	2/3 Mastix
	40 •	Yeiazel	Mond	2/3 Myrrhe
Gewalten **MICHAEL** Sonne Orange 1/3 Weihrauch	41 •	Hahahel	Uranus	2/3 Elektra
	42 •	Mikael	Saturn	2/3 Styrax
	43 •	Veuliah	Jupiter	2/3 Benzoe
	44 •	Yelahiah	Mars	2/3 Muskat
	45 •	Sealiah	Sonne	2/3 Weihrauch
	46 •	Ariel	Venus	2/3 Sandelholz
	47 •	Asaliah	Merkur	2/3 Mastix
	48 •	Mihael	Mond	2/3 Myrrhe

25 • Selbstlosigkeit, Entspannung, Meditation, Persönlichkeit, Exorzismus, Wahrträume

26 • juristische und finanzielle Geschäfte, Beruf, Güte, Vertrauen, Freundschaft

27 • Optimismus, Freude, Schutz, Projekte, Spiritualität, Großzügigkeit, Philosophie

28 • Stärke, Fehler, moralische Kraft, Ungeduld, Müdigkeit, Heilung, Unfälle

29 • Willensstärke, mündlicher und schriftlicher Ausdruck, Weisheit, Beruf, Identität

30 • Gastfreundschaft, Medizin, Chemie, Zurückgezogenheit, Kindesliebe, Erziehung, Güte

31 • Vermittlung, Versöhnung, Beruf, List, Arglist, Astronomie

32 • Großzügigkeit, Geschäfte, Gedächtnis, Innenschau, Spiritualität, Illusion, Leichtgläubigkeit

33 • Identität, Beruf, Unehrlichkeit, Prüfungen, Willenskraft, Mut, Freundschaft

34 • Anpassung, Heiterkeit, Hellsichtigkeit, Erfolg, Konzentration, Gedächtnis, Projekte

35 • Beruf, Optimismus, Beschäftigung, Leistungsfähigkeit, Eitelkeit, Übertreibung, Familie

36 • Offenheit, Eingliederung, Impulsivität, Aggressivität, Kraftschöpfen, Komplexe

37 • Selbstvertrauen, Persönlichkeit, Kosmogonie, Solidarität, Hilfsbereitschaft, Mut

38 • Emotionen, Seelenpartner, Theologie, Triebe, Exorzismus, Liebesfähigkeit

39 • Unterscheidungskraft, Stärke, Kontakt, Krankheit, Familie, Schlichtung, Verleumdung

40 • Trauer, Einfluß, literarische Veröffentlichung, Schach, Schöne Künste, Klarheit

41 • Führungskraft, Verleumdung, Einfachheit, Esoterik, Freude, Medizin

42 • Stärke, Regierungsfähigkeit, Unordnung, Optimismus, Reisen, Einvernehmen

43 • Güte, berufliche Beziehungen, Bescheidenheit, Frieden, Freude, Kampf für die Schwachen

44 • Autorität, Reisen, Rechts- und Finanzgeschäfte, Einweihung, Aggressivität, Ehrlichkeit

45 • Regierungsfähigkeit, Heilung, Eitelkeit, Identität, Gesundheit, Tyrannei, Autorität

46 • Liebe, Forschung, Entschlußlosigkeit, Pflichtbewußtsein, Träume, Charakterschwäche

47 • Einsicht, Moral, Lüge, Täuschung, Betrügereien, Schlichtung, Geschäfte

48 • Bewußtsein, wissenschaftl. Studien, familiäre Harmonie, Willenskraft, Exorzismus, Konflikte

Fürstentümer **HANIEL** Venus Gelb 1/3 Sandelholz	49 • Vehuel	Uranus	2/3 Elektra
	50 • Daniel	Saturn	2/3 Styrax
	51 • Hahasiah	Jupiter	2/3 Benzoe
	52 • Imamiah	Mars	2/3 Muskat
	53 • Nanael	Sonne	2/3 Weihrauch
	54 • Nithael	Venus	2/3 Sandelholz
	55 • Mebahiah	Merkur	2/3 Mastix
	56 • Poyel	Mond	2/3 Myrrhe
Erzengel **RAPHAEL** Merkur Violett 1/3 Mastix	57 • Nemamiah	Uranus	2/3 Elektra
	58 • Yeialel	Saturn	2/3 Styrax
	59 • Harahel	Jupiter	2/3 Benzoe
	60 • Mitzrael	Mars	2/3 Muskat
	61 • Umabel	Sonne	2/3 Weihrauch
	62 • Iah-Hjel	Venus	2/3 Sandelholz
	63 • Anauel	Merkur	2/3 Mastix
	64 • Mehiel	Mond	2/3 Myrrhe
Engel **GABRIEL** Mond Grün 1/3 Myrrhe	65 • Damabiah	Uranus	2/3 Elektra
	66 • Manakel	Saturn	2/3 Styrax
	67 • Ayael	Jupiter	2/3 Benzoeharz
	68 • Habuhiah	Mars	2/3 Muskat
	69 • Rahael	Sonne	2/3 Weihrauch
	70 • Yabamiah	Venus	2/3 Sandelholz
	71 • Haiaiel	Merkur	2/3 Mastix
	72 • Mumiah	Mond	2/3 Myrrhe

49 • Güte, Ausdruck in Wort und Schrift, Moral, Emotion, Kummer, Toleranz

50 • Stirnchakra, Stärke, emotionale Enttäuschung, Spiritualität, Entscheidung

51 • Kronenchakra, Anpassung, Kräuterheilkunde, Gastfreundschaft, Tierheilkunde

52 • Sakralchakra, Finanzen, Willenskraft, sexuelle Triebe, Revitalisation, Reisen

53 • Herzchakra, Nächstenliebe, Projekte, Enthusiasmus, Eifersucht, Entspannung

54 • Sonnenchakra, Bescheidenheit, Emotionen, Unfälle, literarische Studien, Gastfreundschaft

55 • Halschakra, Nächstenliebe, Spiritualität, Gedächtnis, Heuchelei, Prüfungen

56 • Wurzelchakra, Bescheidenheit, Projekte, Charakterschwäche, Reizbarkeit, Mutterliebe

57 • Intuition, Vorstellungskraft, Wahrträume, Wahrnehmungskraft, psychische Probleme, Finanzen

58 • Prüfungen, Astronomie, Konzentration, Augen, analytischer Verstand, Unehrlichkeit

59 • Arithmetik, Analyse und Synthese, Spiritualität, Familie, Geldprobleme

60 • Versöhnung, Ausdruck in Wort und Schrift, Geometrie, psychische Krankheiten, Labilität

61 • Musik, Freundschaft, Urteilskraft, Astrologie, Physik, Güte, Bescheidenheit

62 • Philosophie, Persönlichkeit, Rethorik, familiäre Harmonie, Theologie

63 • Heilung, Unfälle, Logik, Argumentation, finanzielle Probleme, Rachsucht

64 • Vorahnungen, Bücherschreiben und -verlegen, Urteilsvermögen, Grammatik, Sprachen, Identität

65 • Intuition, Spiritualität, Meditation, Meer, Sensibilität, psychische Probleme

66 • Introvertiertheit, Träume, Gedächtnis, Schlaflosigkeit, Appetitlosigkeit, Melancholie

67 • Prüfungen, Wissenschaft, persönlicher Magnetismus, Spiritualität, Wollust, Weisheit

68 • Heilung, Landwirtschaft, Ökologie, Wut, Vorahnungen, Triebe, Labilität

69 • Hellsichtigkeit, Recht, Wirtschaft, Gerichtsprozesse, Brüderlichkeit, Stolz, Habgier

70 • Spiritualität, Einfluß, künstlerische Begabung, Psychologie, Mut, Unterscheidungskraft

71 • Revitalisierung, Anpassung, Hellhören, Unentschlossenheit, Tapferkeit, Synthese

72 • Depression, Medizin und Wissenschaft, Willensstärke, Psychometrie, Ängstlichkeit

III
Die Offenbarungen der Bibel

6
Ist die Bibel das Buch unseres Lebens?

Die hebräische Tora (Lehre) ist nichts anderes als der Pentateuch, die fünf Bücher des Moses der christlichen Bibel, also die ersten Bücher des Alten Testaments: Genesis, Exodus, Levitikus, Numeri und Deuteronomium. Sie enthalten die jüdischen Gesetze, die auf Pergamentrollen in den Synagogen zum Gebrauch im Gottesdienst aufbewahrt werden.
Der Originaltext der Tora ist eine Folge von mehr als 300.000 Buchstaben, die ohne Punkt und Komma und ohne Abstand zwischen den einzelnen Worten aneinandergereiht sind. Eine so alte Überlieferung wie die Tora verlangt bei der Wiedergabe, daß man nicht ein einziges Zeichen ändert und weder etwas hinzufügt noch etwas streicht.
Eine der interessantesten Besonderheiten des Hebräischen ist, daß Zahlen und Buchstaben durch dieselben Zeichen dargestellt werden. Jeder Buchstabe und jedes Wort hat also gleichzeitig einen Wortsinn und einen Zahlenwert. Das macht den ganzen Reichtum der Tora aus, die auf diese Weise mehrere Lesarten erlaubt.

Ein Text mit vielfältigen Interpretationen

Die Tora stellt also zum einen einen heiligen Text dar, dessen religiöse und philosophische Bedeutung zahlreiche Generationen inspiriert hat. Gleichzeitig ist sie aber auch eine riesige mathematische Gleichung, die die Kabbalisten seit jeher zu entschlüsseln versucht haben.
Der Überlieferung nach sind in der Tora alle Ereignisse der Weltgeschichte beschrieben, und auch jeder von uns kommt darin vor. Maimonides, der große jüdische Philosoph des 11. Jahrhunderts, hat bestätigt, daß alles, was die Menschheit in der Vergangenheit, der Gegenwart und in der Zukunft betrifft, in der Tora schon beschrieben ist, und daß jeder, der sie zu entziffern imstande wäre, die Geschichte jedes einzelnen von uns darin lesen könnte.
Natürlich hat dieses Rätsel Tora auch moderne Sucher, die durch die aktuellen Methoden der Informatik über ein kostbares Werkzeug zur Dekodierung der Tora verfügen, für dieses Thema begeistert. Was die Kabbalisten „von Hand" seit Hunderten von Jahren getan haben, sollte dank der

Fortschritte der Wissenschaft von heute sehr viel leichter werden. Werden die Informatiker also der Tradition Recht geben? ... Alles deutet darauf hin, denn französische, israelische und amerikanische Forscher konnten bereits die Namen zahlreicher historischer Ereignisse und großer Persönlichkeiten sowie bestimmter Krankheiten und deren Behandlungen dekodieren.

Lassen wir uns also auf das spirituelle Abenteuer ein, die Tora selbst zu entdecken - zuerst einmal mit den Methoden der Kabbala.

Die traditionellen Methoden der Entschlüsselung

Für die Kabbalisten stellt jeder der zweiundzwanzig Buchstaben des hebräischen Alphabets eine Welt für sich dar, mit ihrer eigenen Persönlichkeit und ihrer eigenen Energie. Man kann also sagen, daß das hebräische Alphabet eine eigene Welt des Wissens über den einzelnen und das Universum darstellt, die man durch vertieftes Studium und Meditation betreten kann. Das ist der Grund, warum die Kabbalisten so viel Zeit auf das Studium der Tora verwendet und immer wieder versucht haben, die Buchstaben umzustellen. Die Ergebnisse waren verblüffend.

Hier einige Praktiken:

Guematria

Bei dieser Methode sucht man den numerischen Wert jedes einzelnen Buchstaben, errechnet sodann den Wert des studierten Wortes und ersetzt dieses Wort dann durch ein gänzlich anderes, das aber denselben Wert hat, oder tauscht die beiden Worte gegeneinander aus.

EIN BEISPIEL:

Im Hebräischen haben die Worte „Wein" und „Mysterium" denselben numerischen Wert, nämlich 70. Ersetzt man in einem Satz das eine Wort durch das andere, ergibt sich ein völlig anderer Sinn.

Notarikon

Das ist die Kunst, in Abkürzungen oder Akrostichen neue Bedeutungen zu entdecken. Man nimmt jeweils die ersten oder die letzten Buchstaben der Worte eines Satzes und bildet daraus neue Worte.

EIN BEISPIEL:

Das Wort „Amen" ergibt sich aus dem Satz „Adonai Melek Naman", was „Gott König treu" bedeutet.

Temurah

Das ist die Kunst des Anagramms. Man versucht, im Text einen neuen Sinn zu finden, indem man zudem von links nach rechts, von unten nach oben, von oben nach unten oder diagonal liest. Auch andere Methoden der Temurah sind entwickelt worden. Die Entschlüsselung bestimmter magischer Quadrate funktioniert auch nach dieser Methode.

Die Methode des hl. Rabanus Maurus

Dieser Mönch hat die Prinzipien der Tora-Kodierung auf bemerkenswerte Weise imitiert. Er hat im 9. Jahrhundert gelebt (Mainz, 780-856) und ein lateinisches Werk, „De laudibus sanctae crusis" (Lobgesänge über das heilige Kreuz) geschrieben. Dieses Buch enthält 28 kodierte lateinische Gedichte, die ohne Abstand zwischen den einzelnen Worten geschrieben sind. In einem von ihnen gibt Rabanus Maurus in kodierter Form die neun Engelchöre wieder. Das Schriftbild dieser neun Chöre bildet neun Großbuchstaben, die die Worte „Crux Salus" (Kreuz des Heils) ergeben.

Jeder der Buchstaben stellt einen Engelchor dar:

C: Seraphin für Seraphim

R: Cherubin für Cherubim

U: Arcangeli für Erzengel

X: Angeli für Engel

S: Virtutes für Gewalten

A: Potestates für Kräfte

L: Throni für Throne

U: Principatus für Fürstentümer

S: Dominationes für Herrschaften

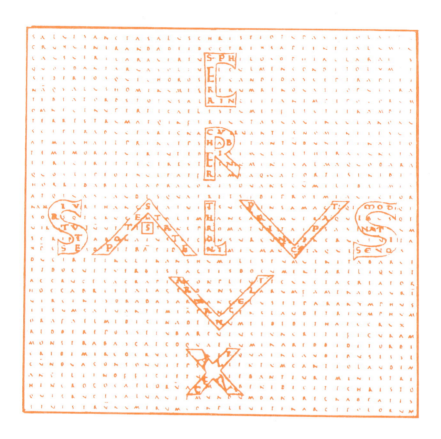

Diese Kodes anzufertigen, war eine beträchtliche Arbeit. In der Bibliothek von Amiens kann man diese Gedichte und ihre Übersetzung einsehen.

Die moderne Dechiffrierung der Tora

Als erstes ist Vedhyas Virya zu erwähnen, der es uns ermöglicht hat, einige der Informatikkodes wiederzugeben, die regelmäßig in der von ihm herausgebrachten Zeitschrift „Chokhmah" erscheinen.
Das Dechriffierungssystem der Informatik braucht sehr leistungsfähige Computer. Man muß die 300.000 Buchstaben der Tora ohne jeglichen Fehler eingeben, denn bei der kleinsten Änderung des Textes funktioniert das System der informatischen Kodes nicht mehr.

Verfahrensweise

Das Prinzip besteht darin, die ganze Tora in den Computer einzugeben. Die Genesis allein zählt bereits 78.064 Buchstaben. Dann versucht man Worte zu finden, indem man in gleichen Abständen von Buchstabe zu Buchstabe springt. Sobald man diese Worte entdeckt hat, sucht man begleitende Begriffe, die einen Bezug zu einem historischen Ereignis oder einer historischen Persönlichkeit haben.

Rabbi Weismandel hat diese neue Lesart der Tora entdeckt und auf den Text der Genesis angewandt. Der Arzt Doron Witztum hat 1989 dazu ein Buch in hebräischer Sprache veröffentlicht: „Hamimad Hanossaf" (Die beständige Dimension).

Dr. Moshe Katz aus Jerusalem hat ebenfalls ein Buch über die Informatik-Kodes veröffentlicht, und zwar in Form einer sehr interessanten Studie auf der Basis eines Kodes in Form eines fünfarmigen Leuchters. Dort hat man das Wort Tora in mehrfacher Form kodiert wiedergefunden.

Studien zur Tora mit Hilfe von Computerprogrammen werden auch von Professor Kadhan und Professor Bernstein an der Harvard-Universität und von den Professoren Piatetski, Shapiro und Fürstenberg an der Universität Yale vorgenommen. Andere Gruppen auf der ganzen Welt beschäftigen sich mit der Dekodierung der Bibel, wie die um den bereits erwähnten Vedhyas Virya in Marseille.

Das Kodesystem der Tora füllt weitere 185 Bücher, die in den Computer eingegeben worden sind. Die Tora ist das einzige Werk, in dem man verschlüsselte Begriffe findet.

BEISPIELE:

• *Tora*

Wie andere hebräische Worte findet sich im Text das Wort **Tora** sehr oft in kodierter Form wieder, vor allem in Kapitel 38, Vers 27, 28 und 29, wo man es durch wiederholte Sprünge von 26 Buchstaben findet. Man muß mit dem 16. Buchstaben des Verses 27 beginnen, einem Tau (T), 26 Zeichen weiter findet sich ein Vau (V), 26 Buchstaben weiter ein Resh (R) und schließlich noch weitere 26 Buchstaben weiter ein He (phonetisch A).

Die Zahl 26 steht für den Wert des Tetragrammes „Jod He Vau He", das heißt: Liebe (13) plus Einheit (13).
Vers 27 besteht aus 26 Buchstaben (2 mal 13)
Vers 28 besteht aus 52 Buchstaben (4 mal 13)

Vers 29 besteht aus 52 Buchstaben (4 mal 13)
Insgesamt sind das 130 Buchstaben, also zehnmal die Einheit 13.

Nachstehend das Schriftfeld mit dem Wort Tora: תורה

- *Historische Persönlichkeiten*

Wir kommen alle in der Tora vor. Unsere Geburts- und Todesdaten sowie Ereignisse, die das Leben gewisser historischer Persönlichkeiten bestimmt haben, sind bereits gefunden worden. Man steht erst am Anfang dieser Untersuchungen, die uns noch eine Reihe von Entdeckungen bescheren werden.

Der Name von **Louria**, genannt Maharshal, ein wichtiger Kabbalist des 16. Jahrhunderts, ist durch eine Dekodierung im Kapitel 20 Vers 9 der Genesis mit Sprüngen von 27 Buchstaben gefunden worden. „Tsimtsoum", die von Louria entwickelte Theorie, taucht dort ebenfalls auf.

Vierunddreißig weitere Biographien mystischer Juden sind auf diese Weise entdeckt worden: **Zola, Dreyfus, Pasteur** und viele andere sind dort erwähnt.

- *Historische Ereignisse:*

Der Golfkrieg von 1990/1991 ist im Kapitel 6 der Genesis erwähnt. Man findet dort sogar den Hauptakteur dieses Ereignisses:
„Sadam" durch Sprünge von 48 Buchstaben zwischen den Versen 11 und 13, „Hussein" durch Sprünge von 30 Buchstaben nach dem letzten Buchstaben von Vers 9, „Bush" durch Sprünge von 4 Buchstaben in Vers 16, „15 Adar", das heißt: 1. März, das Datum des Kriegsendes, findet sich in Vers 6.

Der Name „Babel" erscheint dort ebenfalls, und zwar durch Sprünge von 7 Buchstaben in Vers 17.

Der zweite Weltkrieg ist in Kapitel 41 ab Vers 9 erwähnt. Man findet den Namen „Adolf" durch Sprünge von 39 Buchstaben sowie bei zweimaliger Wiederholung den Ausdruck „Anführer der Scharfrichter".
Hier das Schriftfeld zum zweiten Weltkrieg:

„Adolf": ארולף

„Anführer der Scharfrichter": שד המבתים

In Kapitel 8 Vers 21 der Genesis findet man die Worte: „Ashkenaze" (Deutsche), „Nazi", „Blutbad", „Hitler", „Ausschwitz", „Brennöfen", „Eichmann", „Adolf", „Zyklon B" (Name des Gases, das in den Gaskammern verwendet wurde).

In anderen Feldern sind weitere Entdeckungen gemacht worden, die den Zweiten Weltkrieg betreffen.

Auch zahlreiche Passagen, die sich auf die französische Revolution beziehen, finden sich in der Tora, die wichtigste in Kapitel 44 und 46 der Genesis. Durch Sprünge von 647 Buchstaben findet man den Ausdruck „In Frankreich". In direkter Leseweise findet man zum Beispiel die Worte „Der König" und „Louis".

In Kapitel 39 Vers 2 taucht die Phrase auf: „Festung, Ort der Inhaftname der Gefangenen des König". Durch Sprünge von 1.768 Buchstaben findet man

"Bastille". Durch Sprünge von 10 Buchstaben findet man „8 shevath", das entspricht dem 21. Januar - der Tag, an dem Ludwig XVI enthauptet wurde. Durch Sprünge von 408 Buchstaben findet man „enthaupteter König". Im Text tauchen außerdem die Worte „Marseillaise" und „Revolution" auf. Bei weiteren Untersuchungen wird man sicherlich noch weitere Passagen über die Revolution finden.

Die russische Revolution und andere historische Ereignisse sind ebenfalls entschlüsselt worden.

Hier das Schriftfeld zur französischen Revolution:

„**In Frankreich**": בדערפה

„**Louis**": לואי

„**Der König**": המלנ

• *Wissenschaftliche Entdeckungen:*

Unter den wissenschaftlichen Entdeckungen sind auch solche, die in zahlreichen Feldern AIDS gefunden haben. Nachstehend eines der einfachsten, das viele Worte zu dem Thema enthält. Man findet dort „AIDS" durch Sprünge von 6 Buchstaben in Kapitel 5 Vers 1 der Genesis. Außerdem entdeckt man die Worte „Blut" und „Tod" sowie mit Sprüngen von 14 Buchstaben die Abkürzung „H.I.V". Der Ausdruck „homosexuell" taucht dort ebenfalls auf.

Ermutigende Untersuchungen über andere Krankheiten werden fortgesetzt, und man hat berechtigte Hoffnung, weitere Entdeckungen zu machen, die für die wissenschaftlichen Untersuchungen vielleicht von entscheidender Bedeutung sind.

Nebenstehend ein Feld mit folgenden Begriffen:

„AIDS": אירס
in I3, H3, G3, F3

„Bedam" (im Blut): בדם
in J1, J3, J5 und J1, K6, K5

„Moth" (Tod): מוח
in K5, K4, K3

„H.I.V": היו
in N2, Q6, S4

„Min" (Geschlecht): מין
in J5, L5, N5

Zahlreiche wissenschaftliche Entdeckungen konnten in der Bibel wiedergefunden werden, außerdem Krankheiten der Vergangenheit und der Zukunft, ebenso wie deren Behandlung. Auch Worte wie „Insulin", „Penicillin" etc. sind entschlüsselt worden.

Es scheint so, als würden die modernen Verfahren zur Dekodierung der Tora mit Hilfe der Informatik die Erkenntnis der alten Kabbalisten bestätigen, die behaupteten, dieses heilige Buch beinhalte alle Ereignisse der Vergangenheit, Gegenwart und Zukunft.

IV
Die Kabbala

„In der Stunde, in der ein Mensch diese Welt verläßt, versammeln sich sein Vater und seine Familie um ihn, und der Sterbende sieht und erkennt sie, ebenso wie all diejenigen, mit denen er in dieser Welt zu tun gehabt hat, und sie begleiten seine Seele zu seiner Heimstatt in der Ewigkeit."

DER SOHAR

Engel Michael

7
Der Königsweg der Selbstverwirklichung

Kann man die jahrtausende-alte Tradition der Kabbala auf den Menschen des 20. Jahrhunderts übertragen? Immer öfter stellen wir fest, daß viele Menschen, vor allem junge, ziellos durchs Leben irren, ihres Enthusiasmus' und ihrer Hoffnungen beraubt. Zahlreiche unter ihnen sind sich selbst überlassen. Ohne Arbeit und ohne Einkommen werden sie zu Kriminalität und Drogenmißbrauch verleitet, als fänden sie dort einen Lebensersatz. Ist das nicht der Beweis, daß das Gleichgewicht des modernen Menschen schwer erschüttert ist?
Die Kabbala preist die Liebe, die Bescheidenheit, die Entwicklung des Selbst und die persönliche Verwirklichung des einzelnen. Sie gibt dem Menschen die Kraft, sein Bewußtsein zu erweitern. Moralische Werte wie die oben genannten sind nicht mehr „in" ... Dennoch, ist es nicht ein schönes Ziel, seinen Nachbarn nicht mehr als Fremden zu betrachten, sondern als Freund, vereint im selben Ideal, dem „Tikkoun", was soviel heißt wie zerbrochenes Geschirr zu reparieren, damit die Menschheit das Göttliche wieder ganz in ihr Leben integrieren kann?
Die Kabbala schlägt vor, dieses Ideal dank einer Tradition zu erreichen, die dem westlichen Menschen von Urbeginn an eigen gewesen ist.

Was ist die Kabbala?

Die Kabbala ist eine philosophisch-religiöse Wissenschaft im Dienst des Menschen, die es ihm ermöglicht, seine ursprünglichen Energien wiederzufinden und die Bande neu zu knüpfen, die ihn mit dem Schöpfer verbinden.
Die Kabbala läßt uns den Übergang zwischen dem Unendlichen und dem Endlichen sowie zwischen dem Absoluten und dem Relativen erfahren. Sie bietet eine Erklärung für das Band, das zwischen Geist und Materie besteht.
Das Wort Kabbala kommt vom hebräischen „Kibbel", das mit „Empfang", aber auch mit „Tradition" übersetzt wird. Die Kabbala symbolisiert also alles, was der Mensch empfangen hat, um nach der Erbsünde Erlösung zu finden.

Die Ursprünge der Kabbala

Nachdem Adam aus dem Paradies vertrieben worden war, soll ihm Raziel ein Buch überreicht haben: „Das Buch der Kinder Adams", in dem die ganze Geschichte der Menschheit beschrieben ist. Die Kabbala bietet die Möglichkeit, dieses Buch zu entschlüsseln.
Abraham und Noah sollen zwar Kenntnis von dieser geheimen Wissenschaft gehabt haben, doch Mose ist derjenige, der das Wesentliche der für die Menschen bestimmten Botschaft enthüllt hat.
Mose ist der Patriarch, der das geschriebene Gesetz, die Tora, empfangen hat. Er hatte auch Kenntnis vom mündlichen -esoterischen - Gesetz, das er nur an seine allernächsten Schüler weitergegeben hat. Ein Teil dieses mündlichen Gesetzes, das verlorengegangen ist, findet sich in Form eines geheimen Kodes in der Tora wieder.
Seit Mose widmen Kabbalisten ihr Leben der Aufgabe, die Tora zu entschlüsseln, um diese Geheimnisse ans Licht der Öffentlichkeit zu bringen.

Wie bedient man sich der Kabbala?

Man sagt oft, es gäbe genauso viele Kabbalas wie Kabbalisten und jeder fände in ihr das, was er im jeweiligen Augenblick seiner Existenz benötige.
Die Kabbala ähnelt dem „Kelch des Wissens", der nie überläuft und mit dem man immer wieder seinen Durst löschen und - um in dem Bild zu bleiben - dessen Inhalt man transformieren kann. Das dort gesammelte Wissen ist wie die Sprossen einer Leiter: Stützen, die uns helfen, uns zum Wissen der universellen, für uns gültigen Gesetze zu erheben.
Von demselben Grundwissen ausgehend, haben sich die Kabbalisten zu unterschiedlichen Praktiken hin orientiert:
• Die einen haben eine kabbalistische Kosmogonie entwickelt mit dem Versuch, das Universum und die Beziehung zwischen dem Makrokosmos und Mikrokosmos, also dem Universum und dem Menschen, zu erklären.
• Die anderen haben Methoden der Askese, der Meditation und der Kontemplation vorgezogen, um Zugang zu den uns umgebenden feinstofflichen Welten zu erlangen.
• Noch andere haben Yoga-ähnliche Atemtechniken, Vokalisationen und Buchstaben-Umstellungen entwickelt und zu einer energetischen Therapie verknüpft.

- Ein weiterer Zweig der Kabbala hat sich dem Studium und der Anrufung der Engel verschrieben. Ihren Höhepunkt fand diese Methode bei den Okkultisten des 19. Jahrhunderts.

Je nach unserer Sensibilität und unseren Zielen können wir uns dem einen oder anderen Aspekt der Kabbala zuwenden.

Die Hauptwerke der Kabbala

Es gibt Tausende von Büchern, die sich mit dem Thema Kabbala beschäftigen. Die ersten wurden in Hebräisch geschrieben, und noch immer sind nicht alle ins Deutsche übersetzt ... Im folgenden werden die vier Grundlagenwerke der Kabbala, auf die sich alle Kabbalisten beziehen, kurz beschrieben:

- *Sefer Jezirah*

„Das Buch der Formung" datiert aus dem 4. - 6. Jahrhundert und bezieht sich auf die Genesis, das erste Buch des Alten Testaments. Das Buch untersucht die zweiundzwanzig Buchstaben des hebräischen Alphabets und die zehn Sefirot des Lebensbaums, die zusammen die zweiunddreißig Wege der Weisheit bilden.

- *Sefer Ha Bahir*

„Das Buch des Strahlenkranzes" ist in Südfrankreich in Form eines Dialogs imaginärer Meister geschrieben worden. In diesem Buch wird die Mystik der heiligen Buchstaben und die Kombination der göttlichen Namen untersucht. Es beschreibt außerdem die Theorie der Seelenwanderung.

- *Sohar*

„Das Buch des Glanzes" ist in Altaramäisch geschrieben und wird dem Rabbi Simeon Bar Jochai zugeschrieben, der im 2. Jahrhundert gelebt hat. Moderne Arbeiten haben jedoch gezeigt, daß der Sohar von Moses von Leon stammt, einem spanischen Kabbalisten des 12. Jahrhunderts.

Die erste Auflage erschien 1559 in Mantua. Dieses Buch liest sich wie eine Unterhaltung zwischen dem Rabbi Simon Bar Jochei, seinem Sohn und einigen Schülern, die den Pentateuch - die ersten fünf

Bücher der Bibel - Vers für Vers kommentieren. Mehr als die Hälfte des Textes handelt von der Genesis. Dieses Buch beschäftigt sich auch mit den zehn Sefirot, dem heiligen Alphabet und den verschiedenen Namen Gottes.

* *Pardes Rimonim*

„Der Obstgarten von Granada" wurde von Moses Cordovero im 16. Jahrhundert geschrieben. Dieses Buch beschäftigt sich eingehend mit den zehn Sefirot, die von dem Autor als energetische Gefäße angesehen werden, und hat in Palästina im 16. Jahrhundert - nach Vertreibung der Juden aus Spanien - sehr zur Entwicklung der Kabbala beigetragen.

Das hebräische Alphabet

Die zweiundzwanzig Buchstaben des hebräischen Alphabets werden als die zweiundzwanzig kosmischen Chromosomen angesehen, aus denen alles entstanden ist. Wir werden uns in einem gesonderten Kapitel mit diesen zweiundzwanzig Buchstaben beschäftigen, mit ihrer numerischen Entsprechung, ihren Entsprechungen in bezug auf den menschlichen Körper und mit den Tarotkarten, denen sie zugeordnet werden Seite 223 - 274). Das hebräische Alphabet ist von der Kabbala nicht zu trennen.

Der Baum des Lebens

Der Baum des Lebens steht symbolisch für das Universum, das Göttliche, den Archetypen Mensch - Adam Kadmon - und das menschliche Alltagsleben. Er symbolisiert den Mikrokosmos, der nach dem Bild des Makrokosmos erschaffen wurde, so wie Hermes Trismegistos es zum Ausdruck gebracht hat: Wie unten, so oben - und wie oben, so unten. Er ist Symbol für die Ähnlichkeit des Menschen mit Gott.
Der Baum des Lebens wird von insgesamt zehn energetischen Zentren gebildet, den Sefirot - Numerierungen -, die durch zweiundzwanzig Pfade miteinander verbunden sind. Zusammen bilden sie die zweiunddreißig Wege der Weisheit, die die Kabbala zu erklären bemüht ist.
Wir werden uns jetzt mit der Welt der zweiunddreißig Wege der Weisheit, den vier Welten, den zehn Sefirot, den drei Schleiern der negativen Existenz und den drei Pfeilern des Lebensbaums beschäftigen.

• Die vier Welten des Lebensbaums

Jede Sefira wird in vier Welten geteilt:

AZILUT - die Welt der Emanationen: Der göttliche Ursprung, die Archetypen, das mental Abstrakte.

BRIAH - die Welt der Schaffung Gottes: Die Welt des Mentalen, das Denken, die Sphäre des Geistes.

JEZIRAH - die Welt der Formung: Die Urkräfte des Gefühlslebens, die Instinkte sowie das niedere Empfinden und Denken, die Astralwelt.

ASSIA - die Welt der Aktion: Das Physische, die Verdichtung der feinstofflichen Welt, der Zodiak und die Planeten.

Die vier Welten des Baums des Lebens

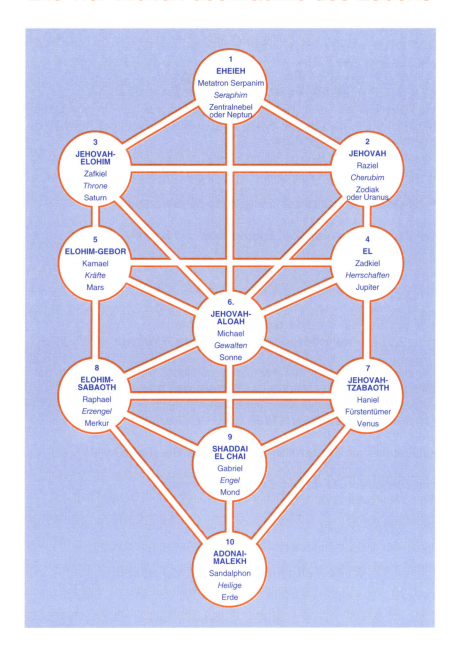

• Die zehn Sefirot

KETER

Der Wille, die Krone, symbolisiert durch eine Swastika:

- entspricht im Bereich von **Azilut** dem göttlichen Namen **Eheieh**, dem Archetyp des **Alten der Tage**,

- im Bereich von **Briah** dem Erzengelfürsten **Metatron Serpanim**,

- im Bereich von **Jezirah** dem Engelchor der **Seraphim**,

- im Bereich von **Assia** dem **Zentralnebel** und **Neptun**.

CHOKHMAH

Die Göttliche Weisheit, symbolisiert durch einen Phallus:

- entspricht im Bereich von **Azilut** dem göttlichen Namen **Jehovah**, dem Zweiten Glanz, dem Archetyp des **Sohnes des Alten der Tage**,

- im Bereich von **Briah** dem Erzengelfürsten **Raziel**,

- im Bereich von **Jezirah** dem Engelchor der **Cherubim**,

- im Bereich von **Assia** dem **Zodiak** und **Uranus**.

BINAH

Kosmische Intelligenz und Verständnis, symbolisiert durch einen Kelch:

- entspricht im Bereich **Azilut** dem göttlichen Name **Jehovah Elohim**, symbolisiert durch den Archetyp einer **Matrone**,

- im Bereich von *Binah* dem Erzengelfürsten **Zafkiel**,
- im Bereich von *Jezirah* dem Engelchor der **Throne**,
- im Bereich von *Assia* dem **Saturn**.

HESED

Güte und Barmherzigkeit,
symbolisiert durch einen Stab:

- entspricht im Bereich von *Azilut* dem göttlichen **El**, symbolisiert durch den Archetyp eines **gekrönten Königs**, der auf seinem Thron sitzt,
- im Bereich von *Briah* dem Erzengelfürsten **Zadkiel**,
- im Bereich von *Jezirah* dem Engelchor der **Herrschaften**,
- im Bereich von *Assia* dem **Jupiter**.

GEBURAH

Die Gerechtigkeit, die Stärke,
symbolisiert durch ein Schwert:

- entspricht im Bereich von *Azilut* dem göttlichen Namen **Elohim Gebor**, symbolisiert durch den Archetyp eines **Königs auf seinem Wagen**,
- im Bereich von *Briah* dem Erzengelfürsten **Kamael**,
- im Bereich von *Jezirah* dem Engelchor der **Kräfte**,
- im Bereich von *Assia* dem **Mars**.

TIFERET

*Die Schönheit,
symbolisiert durch ein Kreuz:*

- entspricht im Bereich von *Azilut* dem göttlichen Namen **Jehovah Aloah Vadaath**, symbolisiert durch den Archetyp eines **Kindes**,

- im Bereich von *Briah* dem Erzengelfürsten **Michael**,

- im Bereich von *Jezirah* dem Engelchor der **Gewalten**,

- im Bereich von *Assia* der **Sonne**.

NEZACH

*Der Sieg,
symbolisiert durch eine Rose:*

- entspricht im Bereich von *Azilut* dem göttlichen Namen **Jehovah Sabaoth**, symbolisiert durch den Archetyp einer **nackten Frau**,

- im Bereich von *Briah* dem Erzengelfürsten **Haniel**,

- im Bereich von *Jezirah* dem Engelchor der **Fürstentümer**,

- im Bereich von *Assia* der **Venus**.

HOD

*Die Herrlichkeit,
symbolisiert durch Hermes:*

- entspricht im Bereich von *Azilut* dem göttlichen Namen **Elohim Sabaoth**, symbolisiert durch den Archetyp eines Boten, **Hermes**,

- im Bereich von *Briah* dem Erzengelfürsten **Raphael**,

- im Bereich von *Jezirah* dem Engelchor der **Erzengel**,

- im Bereich von *Assia* dem **Merkur**.

JESOD

*Das Fundament,
symbolisiert durch einen Spiegel:*

• entspricht im Bereich von **Azilut** dem göttlichen Namen **Shaddai El Chai**, symbolisiert durch den Archetyp eines **nackten Athleten**,

• im Bereich von **Briah** dem Erzengelfürsten **Gabriel**,

• im Bereich von **Jezirah** dem Engelchor der **Engel**,

• im Bereich von **Assia** dem **Mond**.

MALKHUT

*Das Königreich,
symbolisiert durch das gleichschenkelige Kreuz:*

• entspricht im Bereich von **Azilut** dem göttlichen Namen **Adonai Malekh**, symbolisiert durch den Archetyp einer **gekrönten jungen Frau, die auf einem Thron sitz**t,

• im Bereich von **Briah** dem Erzengelfürsten **Sandalphon**,

• im Bereich von **Jezirah** dem Engelchor der **Heiligen**,

• im Bereich von **Assia** der **Erde**.

Dies sind die zehn Sefirot des Baums des Lebens, beschrieben in jeder der vier Welten, die die Realität der manifestierten Existenz bilden.
Es gibt noch eine elfte, **DAAT**, die Erkenntnis, die im 18. Jahrhundert durch die Chassidim hinzugefügt wurde. Sie gehört nicht zu demselben Plan wie die beschriebenen und hat dort keinen Platz.

Der Baum des Lebens

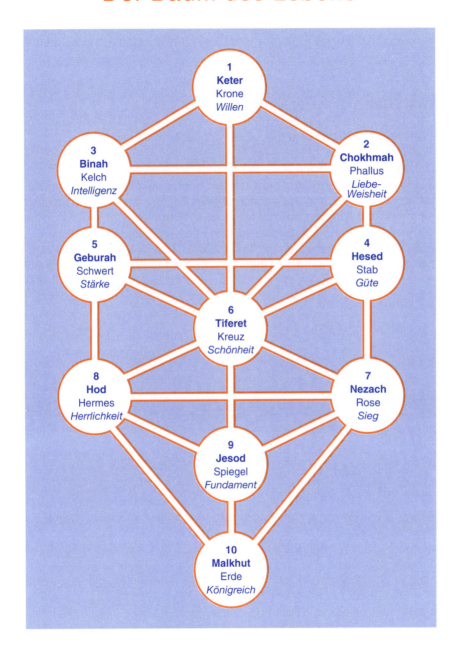

• Die drei Schleier der negativen Existenz

Oberhalb dieser zehn Sefirot befinden sich die drei Schleier der negativen Existenz, die das Göttliche vor seiner Manifestation symbolisieren.

- **AIN**: Die Negation

- **AIN SOPH:** Das Unbegrenzte

- **AIN SOPH AUR:** Das grenzenlose, unbeschränkte Licht

Unterhalb von Ain Soph Aur, dem dritten Schleier, konzentriert sich die gesamte göttliche Energie auf einen einzigen Punkt im Bereich von **Keter**. Von diesem Punkt aus verteilt sich die Energie in Keter und passiert dann die acht anderen Sefirot, bevor sie **Malkhut** erreicht, wo sie sich in der konkreten Form auf der physischen Ebene ausdrücken kann.
Entspricht diese Verteilung der Energie des Göttlichen, wie sie die Kabbalisten verstehen, nicht der Urknalltheorie der modernen Wissenschaft?

Die manifeste und nichtmanifestierte Welt

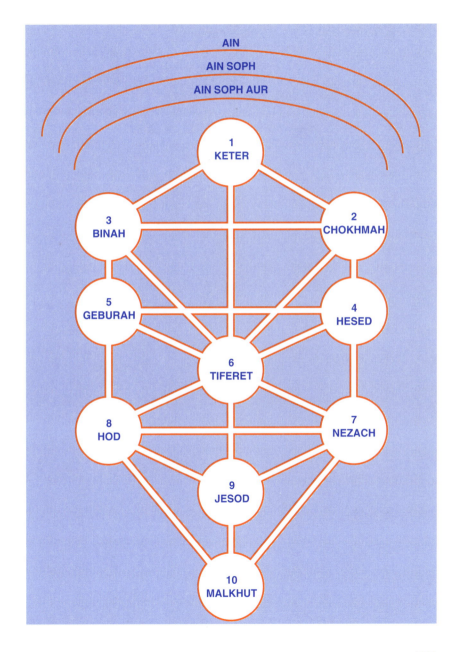

• *Die drei Pfeiler*

Die zehn Sefirot sind in drei Pfeiler eingeteilt:

• Der Pfeiler der Barmherzigkeit: rechts, positiv, männlich,

• Der Pfeiler der Stärke: links, negativ, weiblich,

• Der Pfeiler des Gleichgewichts: in der Mitte, neutral.

Die drei Pfeiler des Baums des Lebens

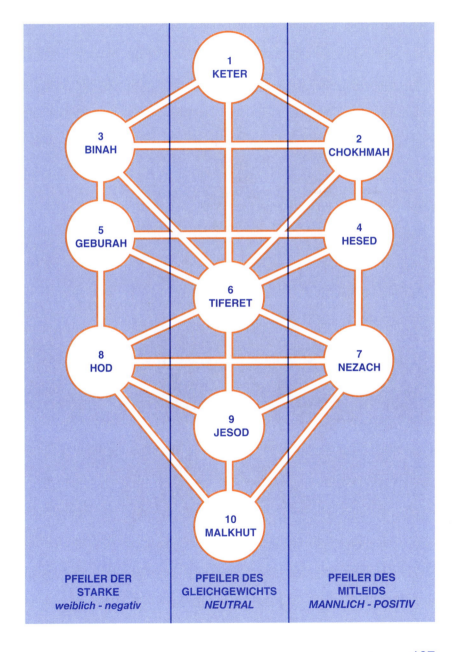

Erzengel Raphael

8
Kabbala und energetische Heilbehandlung

Nach dem Bild des kosmischen Universums und des archetypischen Menschen - dem idealen Prototyp - Adam Kadmon, verfügt der menschliche Körper über zehn Zentren, von denen Energien ausgehen und in denen Energien aufgenommen werden können, durch die er seine physische und psychische Vitalität aus den Quellen der universellen Energie nährt. Diese zehn energetischen Zentren sind mit den zweiundzwanzig Pfaden verbunden, über die die Energie zirkuliert.

Die zehn energetischen Zentren

Die Alten, die sich voll und ganz bewußt waren, daß Mikrokosmos und Makrokosmos nach demselben Modell gebaut sind - Hermes Trismegistos hat gesagt: „Wie unten, so oben" -, haben die zehn Energiezentren den zehn Sefirot des Baums des Lebens zugeordnet:

- Erstes Zentrum: **Keter**, oberhalb des Kopfes

- Zweites Zentrum: **Chokhmah**, linke Seite des Kopfes

- Drittes Zentrum: **Binah**, rechte Seite des Kopfes

- Viertes Zentrum: **Hesed**, Schulter und Arm der linken Seite

- Fünftes Zentrum: **Geburah**, Schulter und Arm der rechten Seite

- Sechstes Zentrum: **Tiferet**, Herz und Magen-Thoraxbereich

- Siebtes Zentrum: **Nezach**, linker Nierenbereich

- Achtes Zentrum: **Hod**, rechter Nierenbereich

- Neuntes Zentrum: **Jesod**, Urogenitalbereich

- Zehntes Zentrum: **Malkhut**, untere Extremitäten

Die ursprüngliche Energie des Universums setzt sich aus vielfältigen Energie-Arten zusammen, die durch „Pforten" (= energetische Zentren) in den menschlichen Körper eintreten und über die zweiundzwanzig Pfade zirkulieren:

• die kosmischen Energien treten über Keter ein,

• die Erdenergien über Malkhut;

• die zwischenmenschlichen Energien finden Eingang über zwei Zentren, nämlich:

> • die emotionalen über Tiferet
> • die sexuellen und triebmäßigen über Jesod.

Auch wenn sie nicht Thema dieses Buches sind, sollten Sie wissen, daß es noch zahlreiche andere Energien gibt, die über die Sefirot in den Menschen eintreten.

Lebensbaum und Menschenkörper

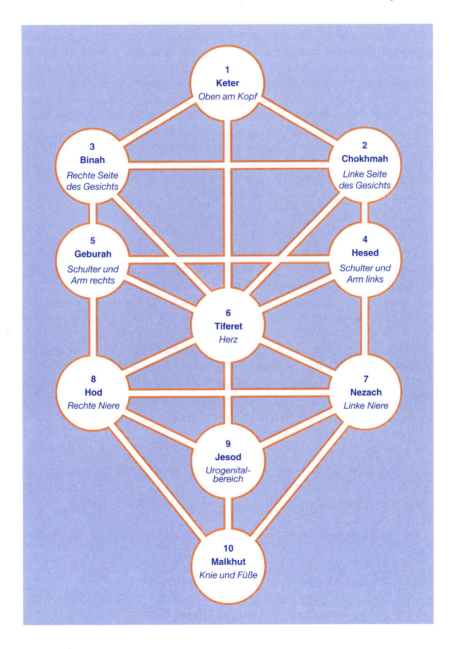

Die zweiundzwanzig energetischen Pfade

Die zweiundzwanzig Pfade entsprechen den zweiundzwanzig hebräischen Buchstaben bzw. den zweiundzwanzig Chromosomen des Universums: Jede Manifestation, jedes Leben wird aus diesen zweiundzwanzig Buchstaben geformt, nach dem Bild des menschlichen Wesens, das aus dreiundzwanzig Chromosomenpaaren besteht.
Das ist der Grund, warum Meditation, Reflexion und Revitalisation der Buchstaben des hebräischen Alphabets, die immer noch von den Kabbalisten praktiziert werden, ein ausgezeichnetes Mittel sind, im Bemühen um Ausgeglichenheit, mit dem eigenen Körper und dem Universum zu kommunizieren, um zwischen beiden ein Gleichgewicht herzustellen. Wir werden in Kapitel 10 und 12 noch einmal darauf zu sprechen kommen.

Die Diagnose der energetischen Zentren

Kosmo-tellurische Störungen, psychische Probleme, zwischenmenschliche Konflikte und zahlreiche andere Faktoren können die Funktion dieser Zentren und energetischen Pfade beeinträchtigen.
Der energetische Zustand der zehn Zentren und der zweiundzwanzig Pfade kann durch einen erfahrenen Praktiker auf unterschiedliche Weise bestimmt werden: Durch den arteriellen Puls, Radiästhesie, das Wahrnehmen der Energien etc. Eine solche energetische Diagnose ist eine interessante Möglichkeit, um den „Status" festzustellen, bevor man mit einer Therapie beginnt, die eingehend mit den energetischen Zentren arbeitet.

Die energetischen Therapien

Eine Therapie, die auf der Wiederherstellung des Gleichgewichts der energetischen Zentren und Pfade basiert, die durch die Sefirot zum Ausdruck kommen, kann auf mehrfache Weise durchgeführt werden:

- über den **spirituellen** Schleier durch eine Einwirkung auf den **Keter**-Bereich,

- durch eine **tellurische** Aktion im **Malkhut**-Bereich,

- durch den **psychischen** Schleier im **Tiferet**-Bereich,

10 Zentren und 22 Energie-Pfade

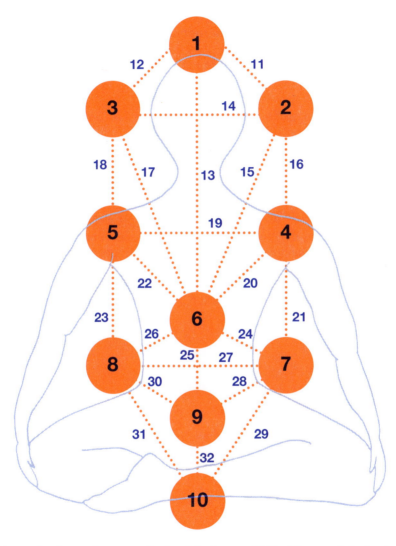

Die zweiundzwanzig energetischen Pfade, von 11 bis 32 numeriert, die den zweiundzwanzig hebräischen Buchstaben entsprechen.

- durch die **energetische Harmonisierung** mit der entsprechenden „archetypischen" Sefira - also dem Makrokosmos -, wenn ein spezielles energetisches Zentrum gestört ist,

- durch Wiederherstellen des **energetischen Gleichgewichts** mit Hilfe der zweiundzwanzig Buchstaben des hebräischen Alphabets, wenn ein Pfad oder mehrere energetische Pfade gestört sind. Diese Methode wird in Kapitel 12 beschrieben.

Es gibt noch zahlreiche andere Möglichkeiten, die Sefirot-Zentren des menschlichen Körpers energetisch zu behandeln.

Die Kabbala und die Behandlung über die Chakren

Wenn man die Theorie der Chakren mit der der energetischen Zentren und Pfade vergleicht, wird man feststellen, daß die sieben Hauptchakren mit den Energien der Venus in Verbindung stehen und daß sich jedes von ihnen in Schwingungsharmonie mit einem Engel der Hierarchie der Fürstentümer befindet.
Dank zahlreicher westlicher wie östlicher Techniken läßt sich ein Ungleichgewicht der Chakren feststellen. Hier die wichtigsten Methoden:

- arterieller Puls

- Radiästhesie

- energetische Wahrnehmung

Bei der energetischen Störung eines der sieben Chakren kann man die Wiederherstellung des Gleichgewichts mit Hilfe der entsprechenden Engelenergien vornehmen:

- das **Wurzelchakra** wird durch **Poyel**, den 56. Engel beeinflußt,

- das **Sakralchakra** wird durch **Imamiah**, den 52. Engel beeinflußt,

- das **Sonnenchakra** wird durch **Nithael**, den 54. Engel beeinflußt,

- das **Herzchakra** wird durch **Nanael**, den 53. Engel beeinflußt,

Die 7 Chakren und die Schutzengel

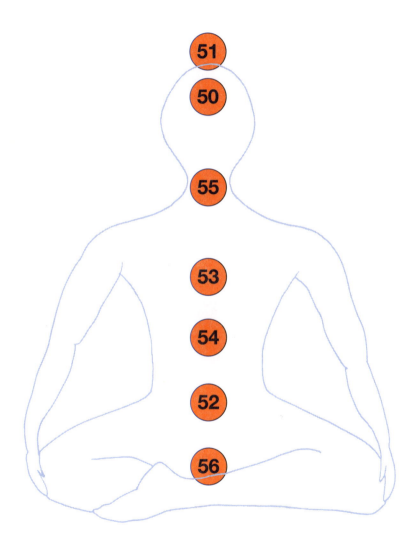

- das **Kehlkopfchakra** wird durch **Mebahiah**, den 55. Engel beeinflußt,

- das **Stirnchakra** wird durch **Daniel**, den 50. Engel beeinflußt,

- das **Kronenchakra** wird durch **Hahasiah**, den 51. Engel beeinflußt.

Es ist interessant und bereichernd, zwei Traditionen zu vergleichen, die durch ihren geographischen Ursprung so weit voneinander entfernt sind - das östliche System der Chakren und das westliche System der energetischen Zentren und Pfade ... Vielleicht ist das der Beweis, daß die Weisheit des Menschen immer in derselben Form zum Ausdruck kommt, wenn auch nicht durch dieselben Worte?

9
Kabbala
und Psychologie

Philosophen, Psychologen, Psychiater oder Psychoanalytiker aller Zeiten sind durch die Kabbala beeinflußt worden.
Sigmund Freund und Wilhelm Reich, die beide dem jüdischen Kulturkreis angehörten, haben um sie gewußt. Der bekannte Psychoanalytiker Carl Gustav Jung, Sohn eines protestantischen Pfarrers, hat die Kabbala als authentische Quelle des psychologischen Wissens anerkannt, was er in einem Brief zum Ausdruck brachte, in dem er auf die Verbindung zwischen dem jüdischen Mystizismus und Freuds Theorien hinwies.
Diese Anerkennung der Kabbala durch herausragende Wissenschaftler, die sich auf die menschliche Seele spezialisiert haben, ist kein Zufall ...
Schon der Sohar beschreibt die mögliche Wechselwirkung zwischen Emotionen und dem physischen Körper.
Die Kabbalisten haben sich also mit den Beziehungen zwischen Körper und Geist beschäftigt und die Bedeutung der Sexualität für das seelische Gleichgewicht eines Menschen betont. Ebenso haben sie die verhängnisvolle Wirkung von Frustrationen und verdrängter Wut auf die Gesundheit erkannt.
Durch Eigenversuche haben sie bestätigt, daß Meditation unsere inneren Defekte zum Vorschein bringen und transformieren kann.
Die Chassidim und die weisen Kabbalisten haben Techniken der Beobachtung, der Entspannung, der Meditation und der Konzentration entwickelt, die auf dieser Kenntnis von der Wechselbeziehung Körper/Geist basieren. Von dort aus war es nicht mehr weit, ein Ordnungsschema der unterschiedlichen psychologischen Typen als Werkzeug der Selbsterkenntnis zu schaffen ...

Die zehn psychologischen Profile

Wie die Tiefenpsychologie, die Gestaltpsychologie oder die Homöopathie beschreibt die Kabbala konstitutionelle Typen.
Nach der vorherrschenden Wirkung einer Sefira im Körper unterscheiden die Kabbalisten zehn psychologische Profile = Typen. Wenn man die planetarische Symbolik kennt, ist es leicht, unser psychologisches kabbalistisches Profil sowie das der Menschen, die uns umgeben, zu erken-

nen. Das kann uns im Alltag unschätzbare Dienste leisten: Es ist viel einfacher, mit jemandem zu sprechen, wenn man weiß, wie seine Reaktionen und Gefühle sein können. Die zehn psychologischen Profile der Kabbala sind:

- **Keter**-Profil (Zentralnebel-Neptun): mystisch, tolerant, ausgeglichen, legt wenig Wert auf materielle Dinge.

- **Chokhmah**-Profil (Zodiak-Uranus): phantasievoll, intuitiv, hyperaktiv, von okkulten Wissenschaften angezogen.

- **Binah**-Profil (Saturn): verschlossen, intellektuell, kühl, distanziert, handelt vernünftig und klug.

- **Hesed**-Profil (Jupiter): begeisterungsfähig, großzügig, extravertiert, Lebenskünstler, oft exzessiv und unvorsichtig.

- **Geburah**-Profil (Mars): streng, hart, ordnungsliebend und diszipliniert, unnachgiebig und oft intolerant.

- **Tiferet**-Profil (Sonne): talentierter Organisator, ausgeglichen, handelt mit Einsicht, Großzügigkeit und Weisheit.

- **Nezach**-Profil (Venus): energisch, aktiv, liebt den Umgang mit anderen, extravertiert, schätzt die schönen Dinge des Lebens.

- **Hod**-Profil (Merkur): diszipliniert, vorsichtig, streng, verantwortungsbewußt, hat Wahrnehmungskraft und Organisationstalent, kommunikationsfähig.

- **Jesod**-Profil (Mond): stolz, beharrlich, aktiv, überlegen, ist den materiellen und äußerlichen Dingen gegenüber aufgeschlossen.

- **Malkhut**-Profil (Erde): egoistisch, manuell begabt, Erde zu Erde, mit wenig entwickeltem Bewußtsein und fehlender Aufgeschlossenheit für geistige Dinge.

Wie in jedem psychologischen Definitionssystem können sich die kabbalistischen Typologien mischen und ergänzen. Es gibt nur wenige Menschen, die nur einem einzigen Typ entsprechen. Meistens dominiert bei einer Persönlichkeit ein Typ, der durch einem zweiten beeinflußt oder gestört wird.

Schutzengelhilfe bei psychischen Problemen

Schutzengel können dazu beitragen, psychische Konflikte aufzulösen, die ganz selbstverständlich auftauchen. Dazu genügt es, die beiden Planeten, die mit dem Problem in Verbindung stehen, und dann den entsprechenden Engel zu finden.

BEISPIELE:

• Jemand hat wiederholt Mißerfolge auf der Gefühlsebene und weiß, daß sie auf fehlende beziehungsweise falsche Kommunikation zurückzuführen sind.
Kommunikation steht mit dem Planeten **Merkur** (Hermes, der Götterbote) in Verbindung. Gefühlsmäßige Probleme haben aber auch mit Venus (dem Planeten der Liebe) zu tun.
Dieser Mensch sollte also mit den Merkur-Venus-Energien des Erzengels **Iah-Hjel** (Engel 62) oder den Venus-Merkur-Energien des Fürstentum-Engels **Mebahiah** (Engel 55) in Kontakt treten, da diese beiden Engel durch die positiven Energien von Merkur und Venus beeinflußt sind.

• Ein Mensch, der unter seiner Aggressivität und Impulsivität leidet, verbunden mit übermäßigem Stolz, der ihn in seinen Beziehungen zu anderen behindert, sollte sich auf die Energien von Mars-Sonne oder Sonne-Mars einstimmen. **Mars** hat mit Aggressivität zu tun und **Sonne** mit Persönlichkeit. In diesem Fall sind die beiden Schutzengel, mit denen er Verbindung aufnehmen sollte, der Engel der Kräfte **Aniel** (Engel 37) und der Engel der Gewalten **Yelahiah** (Engel 44).

Zahlreiche Probleme können gelöst werden, indem man sich die Energien und die Planeten bewußt macht, die mit diesen Problemen verknüpft sind. Auf diese Weise wird uns bewußt, was uns „fehlt"... Wenn man fühlt, daß uns ein psychisches Problem an der Weiterentwicklung hindert, ohne daß wir fähig sind, es zu definieren - warum sollten wir nicht unsere Schutzengel bitten, uns zu leiten, indem sie uns auf ihre Weise zu verstehen geben, was wir anschauen müssen?

Die Lösungen der Kabbala

Die Menschheit heutzutage tendiert dazu, die Schwierigkeiten des modernen Lebens zu verstärken, indem sie ihre Psychologie der Welt anpaßt, in der sie lebt. Seltsam, daß eine jahrtausende-alte Tradition Lösungen anbietet, die sich sehr gut dazu eignen, das Gleichgewicht des Geistigen wiederherzustellen. Diese Lösungen spiegeln sich in einigen modernen Therapien wider.

Der innere Schrei

Mit Hilfe einer von Rabbi Nachman aus Bratislava (1772 - 1810) entwickelten speziellen Technik werden innere Spannungen gelöst, die, falls sie blockiert bleiben, starke psychische Schäden hervorrufen können.
Nach einem tiefen Einatmen atmet man lange aus und stellt sich dabei den Klang seiner eigenen Stimme vor. Man braucht weder ein Wort noch einen Ton zu formulieren, sondern läßt nur den Gefühlen freien Lauf, die aus der Tiefe des Innern emporsteigen. Dieser „innere Schrei" soll bewirken, daß wir unser gesamtes Bewußtsein auf ihn konzentrieren. Er drückt unsere verdrängten Gefühle aus, unsere Wut, unsere Ängste, unsere Phobien, unsere Wünsche, unsere Furcht und unsere Enttäuschungen wie auch die Schuldgefühle, die tief in unserem Innern liegen.
Diese Technik wurde später von Dr. Arthur Janov unter der Bezeichnung „Urschrei" weiterentwickelt, der nicht mehr still, sondern in voller Lautstärke zum Ausdruck kommt.

Positives Denken

Tag für Tag sind wir, ob wir wollen oder nicht, den Einflüssen negativer Energien ausgesetzt, die sich mit unserer eigenen Energie mischen. Damit diese nicht Überhand nehmen, haben die Kabbalisten eine Reihe von Methoden entwickelt, mit deren Hilfe wir uns schützen können:

• **Die Beherrschung des Geistes**

Man muß lernen, seine Bewußtseinsebene zu erhöhen - also den Geist zu beherrschen -, damit man nicht mehr dem Prozeß des Aussendens und Aufnehmens negativer Energien ausgesetzt ist, die bei zwischenmenschlichen Kontakten ausgetauscht werden können.

Wird man bei einer Auseinandersetzung auf aggressive Weise angesprochen, reagiert man instinktiv mit einer ebenso aggressiven Antwort, was für den Umgang der Menschen miteinander nicht unbedingt förderlich ist und eine Kette negativer Reaktionen nach sich zieht. Es geht nun darum, sein Bewußtseinsniveau anzuheben, um sich nicht mehr von negativen Energien, die außerhalb von einem selbst entstehen, beeinflussen zu lassen.

Dafür ist es notwendig zu versuchen, die Motivation des Senders - desjenigen, der aggressiv ist - zu verstehen und ihm liebevoll und mit Humor zu antworten. So werden wir nicht in den aggressiven Prozeß des anderen hineingezogen. Außerdem werden wir uns dadurch oft bewußt, wie fordernd, impulsiv und angespannt wir in unseren Beziehungen sind und wie wenig das letztlich dem menschlichen Miteinander dient.

• **Die Beherrschung des Körpers**

Man braucht sich nicht länger in der Falle seines Körpers gefangen zu fühlen.
Ein Beispiel: Wenn man von einer Krankheit befallen wird, sollte man sich nicht mit ihr identifizieren. Wir tun das oft, indem wir uns, leidend und krank - sei es der Ischias, sei es eine Migräne - zurückziehen, um uns zu pflegen. Unter dem Vorwand einer Krankheit oder einer Behinderung verweigern viele Menschen jegliche körperliche oder geistige Aktivität. Das Ende vom Lied ist häufig, daß sie sich dem Strom des Lebens und menschlichen Kontakten verschließen.
Eine Krankheit oder ein Leiden sollte niemals ein Hindernis für die persönliche Entwicklung darstellen. Im Gegenteil: Physische wie auch moralische Prüfungen sind eine Chance, zu „wachsen" und in der Erkenntnis seines Selbst Fortschritte zu machen.

• **Die Beherrschung äußerer Ereignisse**

Unser innerer Halt sollte gegen alle äußeren Einflüsse gefeit sein. Ein Alptraum, ein Streit oder schlechtes Wetter sollten keine Chance haben, uns den Tag zu vergällen.
Die Tragödien, die uns das Fernsehen oder die Zeitungen präsentieren, oder die Leiden, mit denen wir Tag für Tag in Berührung kommen, dürfen uns nicht entmutigen, sondern sollten uns dazu veranlassen, alles zu tun, um sie zu heilen. Positive Impulse lösen eine Kettenreaktion aus, deren positive Wirkungen nicht nur im eigenen Leben, sondern auch in dem anderer spürbar werden.

- **Die Beherrschung des Kollektivs**

Man sollte sich nicht durch die Meinung des Kollektivs „gefangennehmen lassen", denn, wie es Baron Pierre de Coubertin so schön gesagt hat: „Das Mitmachen ist wichtig, nicht das Gewinnen".
Man muß sich bewußt machen, daß jeder von uns ein Individuum und Teil einer Vielheit ist, die wiederum eine Einheit bildet.
Indem wir unser Bewußtseinsniveau zur Einheit anheben, können wir freier leben und unsere energetische Leistungsfähigkeit zum Wohl des Ganzen mannigfaltig steigern.
Die Beherrschung des Geistes, die Beherrschung des Körpers, die Beherrschung äußerer Ereignisse, die Beherrschung des Kollektivs ... Die Kabbalisten wissen, daß wir durch die Eliminierung negativer Gedanken, die unseren Geist schädigen und unsere Selbstachtung schmälern, lernen, uns auf allen Ebenen zu beherrschen. Und indem wir sie durch positive Gedanken ersetzen, bringen wir sie zum Verschwinden: „Tue, was du tun mußt, und schiebe alle negativen Gedanken beiseite", hat Rabbi Nachman aus Bratislava gesagt.
Leichter gesagt als getan? ... Auch hier können die Schutzengel wertvolle Hilfe leisten. Warum sollten wir sie nicht aufrichtig darum bitten?

- **Die Beherrschung der Gefühle**

Die Kabbalisten, Psychologen *par excellence*, haben auch Techniken entwickelt, mit denen wir unsere Gefühle beherrschen lernen. Um in Situationen zu reagieren, die mit starken negativen Emotionen beladen sind - Beleidigungen, Verachtung, Wut, Frustration, Ekel ... - raten sie, dieses Erlebnis am Abend desselben Tages in der Vorstellung noch einmal so weit wie möglich nachzuerleben, und zwar so lange, bis keinerlei negative Emotionen mehr übrig sind.
Das ist eine Technik, die man jedesmal dann anwenden kann, wenn man sich durch Emotionen aus dem Gleichgewicht gebracht fühlt.
So hat die Kabbala auch eine Antwort auf psychische Probleme jedweder Art. Die Richtigkeit kabbalistischer Interpretationen im Zusammenhang mit der Psychologie wird deutlich durch die Tatsache, daß jede Lösung der kabbalistischen Tradition auch dem modernen Menschen entspricht.

10
Kabbala
und Meditation

Von Anbeginn an haben die Kabbalisten Meditationsübungen praktiziert, deren bekannteste die Maase Merkabah ist, eine Meditation auf den Knien, durch die man Zugang zu Bewußtseinszuständen bekommt mit Bezeichnungen wie: „Die Fahrt im Wagen", „Der Wiederaufstieg zu den sieben Palästen" und „Die Vision des himmlischen Throns".
Die Meditation war eine logische Konsequenz des Kabbala-Studiums, und es gab zahlreiche Übungen. Einige davon möchte ich Ihnen vorstellen.

Meditation auf den Baum des Lebens

Grundmeditation: Setzen Sie sich bequem hin und entspannen Sie sich. Dann visualisieren Sie den Baum des Lebens und geben sich der Betrachtung der Bilder hin, die in Ihrer Vorstellung emporsteigen. Die Bilder, die der Baum des Lebens entstehen läßt, haben oft mit den Energien zu tun, die in unserem Inneren in Disharmonie sind. Die Wiederholung dieser Übung führt schnell zu Entspannung, Ruhe und Wohlbefinden.
Jede Darstellung des Lebensbaums, die man im Handel findet und in der die hebräischen Buchstaben und die Planeten abgebildet sind, ist als Vorlage geeignet. Sie können aber auch eine Abbildung aus diesem Buch verwenden.

Eine Variante dieser Meditation sieht folgendermaßen aus:

• Visualisieren Sie weißes Licht um sich herum;

• lassen Sie nun dieses Licht von unten nach oben über die neun Sefirot wandern, bis es sich im **Ain Soph Aur** ergießt - das ist der dritte Schleier der negativen Existenz, das Licht ohne Ende und ohne Grenze. Bei der Reise durch die Sefirot reinigt das Licht die energetischen Zentren und transformiert durch seine Strahlen der Liebe Sorgen, Unruhe und Ängste in Frieden und Harmonie.

• Lassen Sie nun dieses Licht über **Keter** und die neun anderen Sefirot wieder hinabfließen.

Dieser Lichtstrom vereinigt die spirituellen und die materiellen Energien in den energetischen Zentren und gleicht sie aus.

Meditation auf die drei oberen Sefirot

Nachdem Sie sich bequem hingesetzt und sich entspannt haben, beginnen Sie mit der folgenden Übung:

• Visualisieren Sie eine weiße Wolke um sich herum;

• lassen Sie nun ein goldenes Dreieck entstehen, warm, durchscheinend und pulsierend,

• dann visualisieren Sie in diesem goldenen Dreieck das Gesicht eines Greises mit blauen Augen, weißen Haaren und weißem Bart. Dieser Greis steht für den Alten der Tage, **Keter**, die Krone der Ewigkeit;

• lassen Sie das Bild verschwimmen; das goldene Dreieck taucht wieder auf,

• visualisieren Sie in seinem Inneren ein junges Gesicht mit hoher Stirn, braunem Bart, dunklen Haaren; es ist der Zweite Glanz, der Sohn des Alten der Tage, **Chokhmah**, der göttliche Weisheit symbolisiert;

• wenn auch dieses Bild allmählich verschwimmt, erscheint erneut das goldene Dreieck;

• visualisieren Sie nun das Gesicht einer reifen Frau, ernst, sanft, beschützend. Dieses Gesicht steht für **Binah**, die göttliche, die heiligmachende Intelligenz.

Die Wiederholung dieser Meditation bringt Sie in Harmonie mit den drei ersten Sefirot, dem „Makroprosop" (Riesengesicht), das Harmonie, Frieden und Wohlbefinden in uns auslöst.

Meditation auf eine Sefira

Man kann auch eine Meditation auf eine einzelne Sefira machen, wenn eine energetische Störung auf dieser Ebene vorliegt oder ein Problem, das mit dieser Ebene oder unserem persönlichen Weg in Verbindung steht.

BEISPIEL:

Jemand braucht Hilfe, um die Prüfungen seines Lebens zu verstehen und zu bestehen. Er ruft die Sefira Binah an, die mit den Thronen, also

den Schutzengeln, in Verbindung steht, die uns helfen, mit unserem Leid fertig zu werden.
Nachdem Sie sich bequem hingesetzt und entspannt haben, geschieht folgendes:

• Visualisieren Sie die Farbe Indigo, die mit Binah in Verbindung steht;

• dann visualisieren Sie den Erzengelfürsten Zafkiel, der in einem früheren Kapitel beschrieben worden ist;

• schwingen Sie sich nun mit Hilfe der Styrax-Essenz auf diese Ebene ein, die der Energie der Throne entspricht;

• bringen Sie sich schließlich in Einklang mit Saturn, dem Planeten, der mit Binah assoziiert wird.

In diesem Augenblick haben Sie energetisch Kontakt zu Binah, der dritten Sefira des Lebensbaums des Makrokosmos und zu der vollkommenen Energie des Archetyps Adam. Jetzt kann eine Energieübertragung zwischen der ausgeglichenen, vollkommenen Sefira des Makrokosmos und der Sefira unseres Organismus erfolgen.
Nun schwingen die beiden Sefirot einheitlich in einem Bereich reiner Energie, die der des Ursprungs gleicht. Das Gleichgewicht ist wieder hergestellt.

Die Tserouf-Methode

Diese Technik wurde im 12. Jahrhundert von Abraham Aboulafia entwickelt und beinhaltet Atem-, Vokalisations- und Körperübungen, die später in Frankreich durch Vedhyas Virya wieder aufgenommen wurden.

Atemübungen

Die Kabbalisten haben zahlreiche Atemübungen verwendet. Ich werde hier nur eine einzige vorstellen, mit der die spirituellen und physischen Energien desjenigen, der sie praktiziert, harmonisiert werden können.
Bei dieser Übung muß man auf die Atmung durch beide Nasenlöcher achten:

• Zuerst konzentrieren Sie sich bitte auf die Atmung durch das rechte Nasenloch. Das begünstigt die spirituelle Öffnung, die Ausdehnung der

Aura und das Schwingen des Geistes auf einer höheren Ebene. Die Atmung über dieses Nasenloch bringt Sie mit den Energien von **Michael** in Verbindung.

- Dann konzentrieren Sie sich auf das linke Nasenloch. Dabei werden die Informationen über den Körper, die Materie, gesammelt, was uns hilft, uns in unserem Körper zu stabilisieren. Die Atmung durch dieses Nasenloch bringt uns mit den Energien von **Gabriel** in Kontakt.

Indem wir diese Übungen mit sehr wachem Bewußtsein wiederholen, können wir Geist und Materie - das Erhabene und das Niedere - verbinden und verhindern, von einem Extrem ins andere zu fallen.

Vokalisationsübungen

Hierbei geht es um ein Spiel mit fünf Vokalisationen zwischen den Konsonanten und den fünf Vokalen:

- **O** steht für Keter, das Bewußtsein

- **A** steht für Chokhmah, die Zeit

- **E** steht für Binah, den Raum

- **I** Steht für Hesed bis Jod

- **U** Steht für Malkhut, die Form

Indem wir diese fünf Töne hintereinander in Form eines Mantras vokalisieren, fördern wir den energetischen Fluß durch die zehn Energie-Zentren des menschlichen Körpers, versorgen sie mit Energie und bringen sie ins Gleichgewicht.

- **Eine erste Übung** besteht aus Vokalisationen mit den Worten **Rafa** - „Heilung" und **Fara** - „Kraft". Indem man diese beiden Worte verbindet, erhält man den Ausdruck: „Kraft der Heilung". Die Übung kann mit lauter Stimme oder auch in Gedanken für sich selbst oder für einen anderen Menschen durchgeführt werden. In einer Gruppe ist die Übung noch sehr viel kraftvoller:

ROFO ROFA ROFE ROFI ROFU

FORO FORA FORE FORI FORU

RAFO RAFA RAFE RAFI RAFU

FARO FARA FARE FARI FARU

REFO REFA REFE REFI REFU

FERO FERA FERE FERI FERU

RIFO RIFA RIFE RIFI RIFU

FIRO FIRA FIRE FIRI FIRU

RUFO RUFA RUFE RUFI RUFU

FURO FURA FURE FURI FURU

Die positive Wirkung dieser Vokalisationen ist, wenn sie täglich - zum Beispiel im Auto - wiederholt werden, schnell im Organismus spürbar.

• **Eine zweite einfache Übung** läßt die Energien durch die zehn Zentren zirkulieren, die auf diese Weise wieder ausgeglichen werden. Hierfür wird das Notarikon - ein Wort, das aus den Initialen mehrerer anderer gebildet wird - „**Amen**" (Gott König Treu) benützt.
Man kann die nachfolgende Übung laut oder leise machen:

OMON OMAN OMEN OMIN OMUN

AMON AMAN AMEN AMIN AMUN

EMON EMAN EMEN EMIN EMUN

IMON IMAN IMEN IMIN IMUN

UMON UMAN UMEN UMIN UMUN

Diese Übung dauert nicht länger als einige Minuten, und wenn man sie regelmäßig wiederholt, weckt sie auch während des Schlafes unsere Kräfte und unsere verborgenen Potentiale.

• **Eine dritte Übung** besteht darin, in uns das Wort **Mayim** - „die Wasser" - zum Vibrieren zu bringen, wodurch wir, wie in dem Bibel-Gleichnis ausgedrückt wird, die „Wasser des Oben" mit den „Wassern des Unten" verbinden:

Nach einem tiefen Atemzug konzentriert man die Aufmerksamkeit auf den unteren Bereich des Bauches, indem man den Laut „**Mayim**" ausstößt. Dann läßt man diesen Laut vom Bauch bis zum Hals hinaufsteigen und ihn schließlich im ganzen Kopf vibrieren.
Mit dieser Übung werden die **Malkhut**-Energien mit denen von **Keter** verbunden. Sie besitzt außerdem die reinigende Kraft des Wassers, das alle energetischen Unreinheiten, die sich in unserem Organismus angesammelt haben, beseitigt.

Die Bewegungen des Körpers

Wichtig dabei sind die Bewegungen des Kopfes. Jedem Laut entspricht eine vorgeschriebene Bewegung des Kopfes:

- **O**: der Kopf hebt sich von der Waagerechten nach oben
- **A**: der Kopf dreht sich von rechts nach links
- **E**: der Kopf dreht sich von links nach rechts
- **I**: der Kopf beugt sich von der Waagerechten nach unten
- **U**: Der Kopf beugt sich von hinten nach vorne.

Die Vokalisationen können mit oder ohne Bewegung des Kopfes vorgenommen werden. Man sollte ohne die Bewegungen beginnen, damit man die Übung schneller lernt.

All diese Übungen, die die von Kabbalisten praktizierte Meditation unterstützen, lassen sich im Hinblick auf ihr Ziel und ihre Wirkung mit gewissen Übungen des Yoga oder der Rezitation von Mantren vergleichen. Sie sind eine wirkungsvolle Methode, Körper und Geist ins Gleichgewicht miteinander zu bringen.

11
Die Kabbala und die Sterne

Alle Weisen des Altertums haben in den Himmel geschaut und versucht, die Bewegung und die Namen der Planeten in ein Ordnungsprinzip zu bringen, dessen harmonisches Ganzes vergleichbar ist mit jenem, das das menschliche Wesen belebt, denn die Ursprungsenergie des Universums ist ein Odem, der Planeten genauso wie Menschen mit Leben erfüllt.
Die Lehre von der Entstehung der Welt nach der Kabbala schreibt jeden Planeten einer Sefira des Baums des Lebens zu:

- **Malkhut** - Erde

- **Jesod** - Mond

- **Hod** - Merkur

- **Nezach** - Venus

- **Tiferet** - Sonne

- **Geburah** - Mars

- **Hesed** - Jupiter

- **Binah** - Saturn

- **Chokhmah** - Uranus und Zodiak

- **Keter** - Neptun und Zentralnebel

Jede Hierarchie entspricht einem Planeten, während jeder der zweiundsiebzig Schutzengel mit zwei Planeten verbunden ist. Bringt ein astrologisches Thema schwierige Transite mit sich, ist es hilfreich, die Energien der Schutzengel anzurufen, die den beiden Planeten entsprechen.

Als schwierige Positionen in einem Geburtshoroskop gelten Quadrate und Oppositionen zwischen zwei Planeten.

BEISPIELE:

• Bilden Mars und Jupiter im Geburtshoroskop eines Menschen oder während eines Transits ein Quadrat*, das als „schwierig" empfunden wird, kann der betroffene Mensch die Energien von **Khavaquiah**, dem 35. Schutzengel, oder **Seheiah**, dem 28. Schutzengel zu Hilfe nehmen, da diese beiden Engel durch die positiven Energien von Mars und Jupiter belebt werden.

• Einem Menschen, der im Horoskop eine Jupiter - Merkur-Opposition hat, können die Energien von **Lecabel**, dem 31. Schutzengel, oder **Harahel**, dem 59. Schutzengel helfen. Diese beiden Engel werden durch die positiven Energien von Merkur und Jupiter beeinflußt.

Wenn also ein Geburtshoroskop schwierige Transite oder Positionen zeigt, braucht man die Auswirkungen nicht zu fürchten. Im übrigen haben nach der Tradition die bedeutendsten Menschen immer die schwierigsten Geburtshoroskope.
Auch wir können dank der Hilfe unserer Schutzengel die Dissonanzen, die negativen und schwierigen Seiten unseres Geburtshoroskops, in positive und kreative Kräfte umwandeln.
Versuchen wir doch, alle Fähigkeiten, die in unserem Inneren schlummern, ans Licht zu holen. Ist der Weg der Einweihung nicht die einfachste Weise, die wundervollen Möglichkeiten auszuschöpfen, die wir verborgen in uns tragen und von denen wir nur einen winzigen Teil nutzen?

---

* In einem Geburtshoroskop bedeuten Quadrat und Opposition einen Winkel zwischen zwei Planeten von 90 bzw. 180 Grad. Diese Konstellationen können in gewissen Lebensumständen schwierige Aspekte mit sich bringen.

Archetypen, Planeten und Lebensbaum

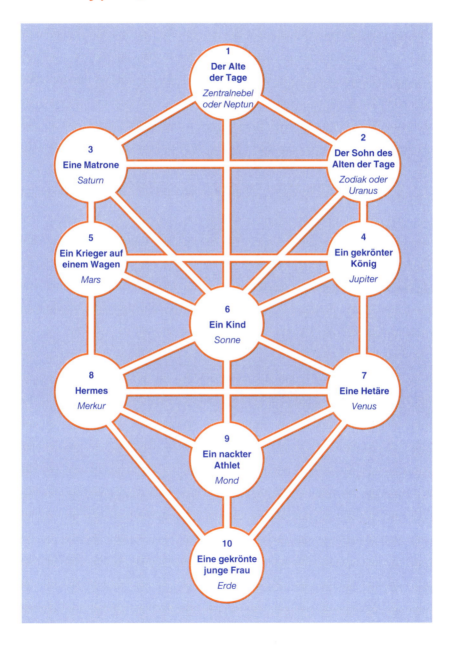

12
Das hebräische Alphabet

In der Tradition der Kabbala resultiert jede mineralische, pflanzliche, tierische oder menschliche Manifestation aus einer Kombination der zweiundzwanzig hebräischen Buchstaben, die die zweiundzwanzig kosmischen Chromosomen symbolisieren, die wiederum am Anfang allen Lebens stehen.
Jeder Buchstabe repräsentiert eine lebendige Energie, die ihre Eigenschaften und ihr Betätigungsfeld hat sowie einem Element des Universums und einem Teil des menschlichen Körpers entspricht. Des weiteren hat jeder der zweiundzwanzig Buchstaben des hebräischen Alphabets einen numerischen Wert.
Das Alphabet setzt sich aus drei Mutterbuchstaben, sieben Doppelbuchstaben und zwölf einfachen Buchstaben zusammen.

Die drei Mutterbuchstaben

- ALEPH: Luft, neutral, die Brust
- MEM: Wasser, weiblich, der Bauch
- SHIN: Feuer, männlich, der Kopf

Die sieben Doppelbuchstaben

Sie haben jeweils zwei Aussprache-Möglichkeiten, eine harte und eine weiche:

- BETH: Saturn, Samstag, der Mund
- GIMEL: Jupiter, Donnerstag, das rechte Auge
- DALETH: Mars, Dienstag, das linke Auge
- KAPH: Sonne, Sonntag, das rechte Nasenloch
- PE: Venus, Freitag, das linke Nasenloch
- RESH: Merkur, Mittwoch, das rechte Ohr
- TAU: Mond, Montag, das linke Ohr

Die zwölf einfachen Buchstaben

Sie haben nur eine Aussprache:

- HE: Widder, März, die Leber
- VAU: Stier, April, die Gallenblase
- ZAIN: Zwillinge, Mai, die Milz
- HETH: Krebs, Juni, der Magen
- TETH: Löwe, Juli, die rechte Niere
- JOD: Jungfrau, August, die linke Niere
- LAMED: Waage, September, der Darm
- NOUN: Skorpion, Oktober, der Darm
- SAMECH: Schütze, November, die rechte Hand
- MAIN: Steinbock, Dezember, die linke Hand
- TSADE: Wassermann, Januar, der rechte Fuß
- COPH: Fische, Februar, der linke Fuß.

Zu diesen zweiundzwanzig Buchstaben muß man noch sechs Endbuchstaben hinzufügen:

- das finale Kaph,
- das finale Mem,
- das finale Noun,
- das finale Pe,
- das finale Tsade,

und, schließlich, das finale Aleph.

Am Ende dieses Kapitels finden Sie eine Aufstellung dieser zweiundzwanzig Buchstaben mit ihren numerischen Werten und den ihnen entsprechenden Körperteilen.
Zur Erinnerung: Das Hebräische wird von rechts nach links gelesen.

Die hebräischen Zeichen und der menschliche Körper

Die ersten Bücher, die der Kabbala gewidmet waren, haben bereits die zweiundzwanzig hebräischen Buchstaben und die Organe, die ihnen zugeordnet sind, beschrieben. Die Tradition lehrt, daß das Einschwingen auf die Energien eines Buchstabens und die anschließende Integration dieser Energien eine günstige therapeutische Wirkung auf das entsprechende Organ haben.

In Kapitel 8, das sich mit energetischen Therapien beschäftigt, habe ich die zweiundzwanzig energetischen Pfade beschrieben, die den hebräischen Buchstaben entsprechen. Wenn einer dieser Pfade blockiert ist, kann die Verwendung der Energien des entsprechenden Buchstabens den energetischen Kreislauf aktivieren.

Das hebräische Alphabet stellt also ein sehr vollkommenes System dar, das die Buchstaben mit dem Körper und den Energien, die diesen Körper beleben, in Verbindung bringt. Durch die Meditation über die hebräischen Buchstaben kann man diese Verbindung aktivieren und eine Wiederbelebung erreichen.

Meditation über die hebräischen Schriftzeichen

Zahlreiche Meditationstechniken über die zweiundzwanzig Buchstaben des hebräischen Alphabets sind im Lauf der Jahrhunderte von den Kabbalisten beschrieben worden. Wir werden nur einige aufführen, die Sie ohne Probleme anwenden können und deren Ergebnisse unbestritten sind, vorausgesetzt, man praktiziert sie gewissenhaft.

Meditation über einen Buchstaben

Man kann den Buchstaben, über den man meditieren möchte, nach dem Gesetz des Zufalls wählen, oder aber man wird von einem besonders angezogen. Die Erfahrung hat gezeigt, daß jeder Mensch für einige Buchstaben eine Vorliebe hat und eine Abneigung gegen andere.
Und noch etwas - um allen Irrtümern vorzubeugen: Es sind nicht die „Lieblingsbuchstaben", mit denen man mehr „arbeiten" sollte, sondern jene, zu denen man die geringste Affinität verspürt ... Denn, diese Buchstaben stehen für die Energien, die wir am wenigsten integriert haben und mit denen unser Körper in Dissonanz steht, was manchmal zu krankhaften Störungen im Bereich der Organe führt, denen sie zugeordnet sind.
Es gibt mehrere Möglichkeiten, sich auf die Energien dieser Buchstaben einzuschwingen:

• Eine Meditation von mehreren Minuten über den Buchstaben, dessen Energie wir integrieren möchten, reicht, um positive Resultate zu erzielen.

Dazu legt der Meditierende diesen Buchstaben vor sich hin und läßt alles zu, was dieser Buchstabe in ihm aufsteigen läßt. Bei regelmäßigem Training kann man sich die positiven Wirkungen dieser Übung schon nach kurzer Zeit zunutze machen.

• Jeder Buchstabe entspricht einer Farbe. Wir können also den gewünschten Buchstaben in der entsprechenden Farbe auf ein Blatt Papier malen und meditieren, indem wir diesen farbigen Buchstaben visualisieren. In diesem Fall visualisiert man die Mutterbuchstaben ALEPH, MEM und SHIN in Weiß.

Jeder kann also - je nach Sensibilität und nach Gewohnheit - die kosmische Energie, die der einzelne Buchstabe darstellt, nach seinen eigenen Bedürfnissen integrieren. Anfänger sind oft überrascht von dem Wohlgefühl, das die Harmonisierung mit diesen Buchstaben im allgemeinen erzeugt. Die Meditation über die zweiundzwanzig Buchstaben des hebräischen Alphabets hilft, im Leben weiterzukommen - ein Lohn für persönliche Weiterentwicklung.

Die hebräischen Zeichen und die zugehörigen Engel

Wenn Sie möchten, können Sie auch über die hebräischen Buchstaben meditieren, die den Namen eines Ihrer Schutzengel bilden oder Buchstaben eines Engels, dessen Eigenschaften einen Entwicklungsschritt für Sie bedeuten.
In diesem Fall reicht es, die fünf Buchstaben, die den Namen des Engels bilden, von rechts nach links aufzuschreiben oder zu legen.

Die hebräischen Zeichen und Träume

Die hebräischen Buchstaben haben eine starke symbolische Wirkung. Träume sind eine Welt voller Symbole, in die man die im Wachbewußtsein gewählten Bilder einbauen kann. Warum sollte man sich also abends nicht von dem Schriftbild und dem Symbolgehalt eines hebräischen Buchstabens inspirieren lassen? Am nächsten Morgen kann man die Träume der Nacht interpretieren, indem man die symbolische Bedeutung des betreffenden Buchstabens zu Hilfe nimmt.
Man wählt also einen Buchstaben nach der persönlichen Entwicklung, die man machen möchte - man kann seine Wahl von einem besonderen Problem abhängig machen, das man lösen möchte -, oder nach dem Prinzip des Zufalls aus. Mit Hilfe dieses Verfahrens lassen sich oft verborgene

Probleme lösen, die in uns „schlummern". Manchmal entwickeln sich auch unsere psychischen und parapsychischen Fähigkeiten gleichermaßen. Sicherlich wird dies nicht unbedingt in der ersten Nacht geschehen; es ist daher ratsam, mehrere Nächte hintereinander mit demselben Buchstaben zu arbeiten.

Auf den folgenden Seiten erkläre ich die zweiundzwanzig Buchstaben des hebräischen Alphabets, ihren Symbolgehalt, die Organe, die ihnen zugeschrieben werden, und ihre unterschiedlichen Entsprechungen.
Sie können diese „Karten" als Hilfsmittel verwenden, um damit zu meditieren und auf Ihrem Weg weiterzukommen.

Die Definition der

22

hebräischen Buchstaben

Erster Buchstabe

ALEPH

Mutterbuchstabe
Wert 1

KÖRPERLICH
Brust

SYMBOLISCH
Die erste Tarot-Karte „Der Magier"
Psalm 119, Vers 1 - 8

ENTSPRECHUNGEN
Das Symbol des Ochsens
Der göttliche Name EHEIH
Der Alte der Tage
Vollkommenes Gleichgewicht, Element Luft
Herbst und Frühling, Feuchtigkeit
Ursprüngliches Prinzip, Prinzip der Prinzipien
Schweigen, neutrale Polarität
Der Punkt, von dem alles ausgeht
Schöpferischer Geist, Willenskraft
Männliches Prinzip, Phallus
Der vollkommene Mensch, ADAM KADMON
Die Farbe Weiß

Zweiter Buchstabe

BETH

Doppelbuchstabe
Wert 2

KÖRPERLICH

Mund, Magen, Harnblase, Milz

SYMBOLISCH

Die zweite Tarot-Karte „Die Hohepriesterin"
Psalm 119, Vers 9 - 16

ENTSPRECHUNGEN

Das Symbol eines Hauses, eines Tempels
Vereinigung des männlichen und weiblichen Prinzips
Dualität von Leben und Tod
Weibliches Prinzip, die Matrix der Welt
Häuslicher Herd
Empfangendes Prinzip, das den Samen von Aleph empfängt
Der erste Buchstabe der Bibel
Der Planet Saturn
Der Wochentag Samstag
Verlust des ursprünglichen Gleichgewichts
Die Farbe Schwarz

Dritter Buchstabe

GIMEL

Doppelbuchstabe
Wert 3

KÖRPERLICH
Leber, Arterien, rechtes Auge

SYMBOLISCH
Die dritte Tarot-Karte „Die Herrscherin"
Psalm 119, Vers 17 - 24

ENTSPRECHUNGEN
Das Symbol eines Kamels
Vereinigung von Vater und Sohn
Dualität von Krieg und Frieden
Entstehung von Ideen
Energiekreislauf in Form einer Acht, Hirn und Herz verbindend
Energetischer Fluß, Aleph und Beth verbindend
Die Richtung Abwärts
Vereinigung der beiden Polaritäten
zur Erschaffung einer neuen Kraft
Das Sehen
Der Planet Jupiter
Der Wochentag Donnerstag
Die Farbe Violett

Vierter Buchstabe

DALETH

Doppelbuchstabe
Wert 4

KÖRPERLICH
Männliche Genitalien, Muskeln, Nebennieren, linkes Auge

SYMBOLISCH
Die vierte Tarot-Karte „Der Herrscher"
Psalm 119, Vers 25 - 32

ENTSPRECHUNGEN
Das Symbol der Tempeltür
Das Tetragramm, der Schlüssel zum Tor
Die Himmelsrichtung Osten
Die Dualität Weisheit - Verrücktheit
Die Jakobsleiter, über die man von der materiellen
zur spirituellen Ebene aufsteigen kann
Autorität, Stabilität, Konkretisierung
Die vier Elemente: Wasser, Feuer, Erde, Luft
Der Übergang vom Zustand des Geschöpfes
zu dem des Schöpfers
Der Planet Mars
Der Wochentag Dienstag
Die Farbe Rot

Fünfter Buchstabe

Einfacher Buchstabe
Wert 5

KÖRPERLICH

Leber

SYMBOLISCH

Die fünfte Tarot-Karte „Der Hohepriester"
Psalm 119, Vers 33 - 40

ENTSPRECHUNGEN

Das Symbol eines Fensters
Die Öffnung zum Leben, zu den feinstofflichen Ebenen
Das Sehen
Die Himmelsrichtung Nord-Ost
Der Stamm JUDA
Bewegung
Lebenshauch
Die Schildkröte
Das Tierkreiszeichen Widder
Der Planet Mars
Die Farbe Rot

Sechster Buchstabe

WAW

Einfacher Buchstabe
Wert 6

KÖRPERLICH
Halswirbel, Kehle, Gallenblase

SYMBOLISCH
Die sechste Tarot-Karte „Die Liebenden"
Psalm 119, Vers 41 - 48

ENTSPRECHUNGEN
Das Symbol eines Hakens
Die Liebesenergie, die vom Göttlichen herabsteigt
Das Hören
Der Stamm JSSACHAR
Schreiben
Das Siegel Salomons
Die physische Liebe
Die Vereinigung zwischen Schöpfer und Schöpfung
Der Saphir
Das Tierkreiszeichen Stier
Der Monat April
Die Farbe Grün

Siebter Buchstabe

SAJIN

Einfacher Buchstabe
Wert 7

KÖRPERLICH
Lunge, Nervensystem, Milz

SYMBOLISCH
Die siebte Tarot-Karte „Der Wagen"
Psalm 119, Vers 49 - 56

ENTSPRECHUNGEN
Das Symbol eines Pfeils, einer Waffe
Der Sieg der Vereinigung der beiden Polaritäten
Der Geruchssinn
Der Stamm SEBULON
Die Bestimmung
Perfektion
Ein Viereck, darüber ein Dreieck
Der freie Wille
Das Licht
Der Jaspis
Das Tierkreiszeichen Zwillinge
Der Monat Mai
Die Farbe Gelb

Achter Buchstabe

CHET

Einfacher Buchstabe
Wert 8

KÖRPERLICH
Magen, Brüste

SYMBOLISCH
Die achte Tarot-Karte „Die Gerechtigkeit"
Psalm 119, Vers 57 - 64

ENTSPRECHUNGEN
Das Symbol eines Altars
Die neue Welt, das himmlische Jerusalem
Das Wort
Die Intuition, das weibliche Element
Der Stamm RUBEN
Das Harmonie-Prinzip
Der Kreislauf in Form einer Acht, der die oberen
und unteren Ebenen miteinander verbindet
Der Rubin
Das Tierkreiszeichen Krebs
Der Monat Juni
Die Farbe Braun

Neunter Buchstabe

TETH

Einfacher Buchstabe
Wert 9

KÖRPERLICH
Herz, rechte Niere

SYMBOLISCH
Die neunte Tarot-Karte „Der Eremit"
Psalm 119, Vers 65 - 72

ENTSPRECHUNGEN
Das Symbol des Schlamms
Das Bischofskreuz, der Pilgerstab
Der Geschmack
Der Stamm SIMEON
Der Name des Menschen, Adam
Das innere Licht
Die Innenschau
Der Topas
Das Tierkreiszeichen Löwe
Der Monat Juli
Die Farbe Gelb

Zehnter Buchstabe

JOD

Einfacher Buchstabe
Wert 10

KÖRPERLICH
Solarplexus, linke Niere

SYMBOLISCH
Die zehnte Tarot-Karte „Das Rad des Schicksals"
Psalm 119, Vers 73 - 80

ENTSPRECHUNGEN
Das Symbol der Hand
Der Mann, das männliche Prinzip
Der Beischlaf
Der Stamm GAD
Die Inkarnation des Göttlichen
Der Ur-Impuls
Die Kraftübertragung
Die Keime für ein neues Leben
Der Amethyst
Das Tierkreiszeichen Jungfrau
Der Monat August
Die Farbe Violett

Elfter Buchstabe

KAF

Doppelbuchstabe
Wert 20

KÖRPERLICH
Gehirn, rechtes Nasenloch

SYMBOLISCH
Die elfte Tarot-Karte „Die Kraft"
Psalm 119, Vers 81 - 88

ENTSPRECHUNGEN
Das Symbol eines Felsens
Die beiden Pfeiler des Tempels
Die Himmelsrichtung Westen
Die Dualität Reichtum - Armut
Die Herrschaft des Geistes über die Materie
Die Dualität auf der Ebene der Inkarnation
Die Einweihung in höhere Ebenen
Die Kraft, die Stabilität
Der Planet Sonne
Der Wochentag Sonntag
Die Farbe Orange

Zwölfter Buchstabe

LAMED

Einfacher Buchstabe
Wert 30

KÖRPERLICH

Urogenitalbereich, Rückenwirbel, Darm

SYMBOLISCH

Die zwölfte Tarot-Karte „Der Gehängte"
Psalm 119, Vers 89 - 96

ENTSPRECHUNGEN

Das Symbol eines Stachels
Die Einweihung, die Übertragung
Arbeit
Der Stamm EPHRAIM
Der Ausdruck der inneren Kraft
Intellektuelle Fähigkeit
Erziehung durch Prüfungen
Der Smaragd
Das Tierkreiszeichen Waage
Der Monat September
Die Farbe Orange

Dreizehnter Buchstabe

MEM

Mutterbuchstabe
Wert 40

KÖRPERLICH

Bauch

SYMBOLISCH

Die dreizehnte Tarot-Karte „Der Tod"
Psalm 119, Vers 97 - 104

ENTSPRECHUNGEN

Das Symbol des Wassers
Raum-Zeit
Einschränkung
Die Rückkehr zu sich selbst, um sich zu transformieren
Die Durchquerung der Wüste
Das weibliche Prinzip
Die Jahreszeit Winter
Die Wiedergeburt
Die Lebensenergien
Die Isolierung
Die Farbe Weiß

Vierzehnter Buchstabe

NUN

Einfacher Buchstabe
Wert 50

KÖRPERLICH

Darm

SYMBOLISCH

Die vierzehnte Tarot-Karte „Die Mäßigkeit"
Psalm 119, Vers 105 - 112

ENTSPRECHUNGEN

Das Symbol eines Fisches
Das Loslassen
Das Gehen
Der Stamm MANASSE
Individualisierung
Fruchtbarkeit, Vermehrung
Die Mitra des Bischofs (Bischofsmütze)
Der Berryl
Das Tierkreiszeichen Skorpion,
Der Monat Oktober
Die Farbe Rot

Fünfzehnter Buchstabe

SAMECH

Einfacher Buchstabe
Wert 60

KÖRPERLICH

Leber, Hüften

SYMBOLISCH

Die fünfzehnte Tarot-Karte „Der Teufel"
Psalm 119, Vers 113 - 120

ENTSPRECHUNGEN

Das Symbol eines Pfostens
Eine Schlange, die sich in den Schwanz beißt
Speichel
Der Stamm BENJAMIN
Vereinigung der Gegensätze
Die heilende Kraft der Liebe
Die transzendierten Triebregungen
Der Onyx
Das Tierkreiszeichen Schütze
Der Monat November
Die Farbe Blau

Sechzehnter Buchstabe

AJIN

Einfacher Buchstabe
Wert 70

KÖRPERLICH
Gelenke, Knochen, Zähne und Haut

SYMBOLISCH
Die sechzehnte Tarot-Karte „Der Turm"
Psalm 119, Vers 121 - 128

ENTSPRECHUNGEN
Das Symbol eines Auges
Verklärung
Wut
Der Stamm DAN
Erleuchtung, Vision der Quelle
Bewußtwerdung
Die Vision der Wirklichkeit
Der Achat
Das Tierkreiszeichen Steinbock
Der Monat Dezember
Die Farbe Gelb

Siebzehnter Buchstabe

PE

Doppelter Buchstabe
Wert 80

KÖRPERLICH
Kehle, Haare, Eierstöcke, das linke Nasenloch

SYMBOLISCH
Die siebzehnte Tarot-Karte „Der Stern"
Psalm 119, Vers 129 - 136

ENTSPRECHUNGEN
Das Symbol des Mundes
Befreiung durch Wahrheit
Die Himmelsrichtung Norden
Die Dualität Schönheit-Häßlichkeit
Unterscheidung zwischen Wirklichkeit und Illusion
Aktive Intelligenz
Realisierung
Der Planet Venus
Der Wochentag Freitag
Die Farbe Rosa

Achtzehnter Buchstabe

ZADE

Einfacher Buchstabe
Wert 90

KÖRPERLICH
Beine und Nervensystem

SYMBOLISCH
Die achtzehnte Tarot-Karte „Der Mond"
Psalm 119, Vers 137 - 144

ENTSPRECHUNGEN
Das Symbol einer Lanze, einer Harpune
Brüderlichkeit
Lachen
Der Stamm ASSER
Befreiung von karmischen Bindungen
Innenschau
Sublimierung
Der Chrysolith
Das Tierkreiszeichen Wassermann
Die Farbe Violett

Neunzehnter Buchstabe

KOF

Einfacher Buchstabe
Wert 100

KÖRPERLICH
Füße, Knöchel

SYMBOLISCH
Die neunzehnte Tarot-Karte „Die Sonne"
Psalm 119, Vers 145 - 152

ENTSPRECHUNGEN
Das Symbol eines Affen
Mystische Vereinigung
Schlaf
Der Stamm NAFTALI
Das Nadelöhr
Die Energie der schöpferischen Kraft
Harmonie und Glück
Der Karneol
Das Tierkreiszeichen Fische
Der Monat Februar
Die Farbe Braun

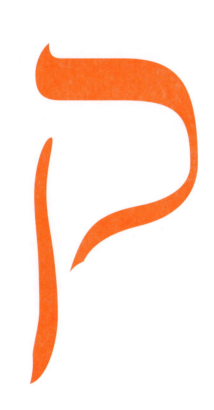

Zwanzigster Buchstabe

RESCH
ר

Doppelbuchstabe
Wert 200

KÖRPERLICH
Rechtes Ohr, Hände, Zunge

SYMBOLISCH
Die zwanzigste Tarot-Karte „Das Gericht"
Psalm 119, Vers 153 - 160

ENTSPRECHUNGEN
Das Symbol eines Kopfes
Vollständige Sublimierung
Samen, Fruchtbarkeit
Selbstverwirklichung, innerer Reichtum
Erneuerung der Dinge durch Zerstörung und Wiedergeburt
Bescheidenheit
Der Beginn
Der Gipfel
Der Planet Merkur
Der Wochentag Mittwoch
Die Farbe Orange

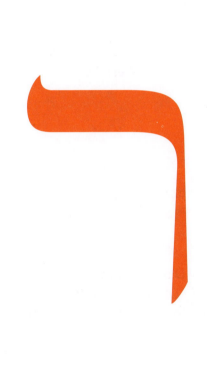

Einundzwanzigster Buchstabe

SCHIN

Mutterbuchstabe
Wert 300

KÖRPERLICH
Kopf

SYMBOLISCH

Die einundzwanzigste Tarot-Karte „Der Narr"
Psalm 119, Vers 161 - 168

ENTSPRECHUNGEN

Das Symbol eines Zahns
Der Weg der Befreiung
Das himmlische Feuer, das in die Materie herabsteigt
Lebensenergie
Wärme
Die Jahreszeit Sommer
Feuer
Zentrifugalkraft
Selbstvertrauen
Lebenskraft
Positive Polarität
Die Farbe Weiß

Zweiundzwanzigster Buchstabe

TAW

Doppelbuchstabe
Wert 400

KÖRPERLICH
Brüste, weiblicher Genitalbereich, linkes Ohr

SYMBOLISCH
Die zweiundzwanzigste Tarot-Karte „Die Welt"
Psalm 119, Vers 169 - 176

ENTSPRECHUNGEN
Das Symbol eines Kreuzes
Endgültige Befreiung
Das Zentrum
Das Ergebnis der Schöpfung
Die Versöhnung der kosmischen Pläne
Die Rückkehr des Absoluten
Perfektion
Das Kreuz als Symbol der Ganzheit
Der Mond
Der Wochentag Montag
Die Farbe Indigo

1	Aleph	1	א	Brust
2	Beth	2	ב	Mund, Magen, Milz, Blase
3	Gimel	3	ג	rechtes Auge, Leber, Arterien
4	Daleth	4	ד	li. Auge, Muskeln, ml. Genitalien, Nebenniere
5	He	5	ה	Leber
6	Waw	6	ו	Halswirbel, Gallenblase, Kehle
7	Sajin	7	ז	Lunge, Milz, Nervensystem
8	Chet	8	ח	Magen, Brüste
9	Teth	9	ט	Herz, rechte Niere
10	Jod	10	י	Solarplexus, linke Niere
11	Kaf	20	כ	Gehirn, rechtes Nasenloch
12	Lamed	30	ל	Rückenwirbel, Darm, Urogenitalbereich
13	Mem	40	מ	Bauch
14	Nun	50	נ	Darm
15	Samech	60	ס	Leber, Hüften
16	Ajin	70	ע	Zähne, Haut, Gelenke, Knochen
17	Pe	80	פ	li. Nasenloch, Haare, Kehle, Eierstöcke
18	Zade	90	צ	Nervensystem, Venen, Beine
19	Kof	100	ק	Füße, Knöchel
20	Resch	200	ר	rechtes Ohr, Zunge, Hände
21	Schin	300	ש	Kopf
22	Taw	400	ת	li. Ohr, Brüste, weibl. Genitalbereich

13
Das göttliche Tetragramm

Um die Kraft und die Energie darzustellen, die von den zweiundzwanzig Buchstaben des hebräischen Alphabets ausgehen, nehmen wir am besten als Beispiel den göttlichen Namen, den die Juden damals nicht aussprechen durften, **„He Waw He Jod"**, im Hebräischen von rechts nach links gelesen:

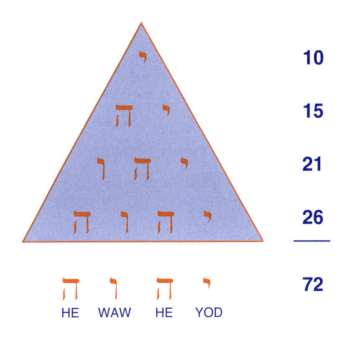

Diese vier Buchstaben symbolisieren die Energien, die die Manifestation des Göttlichen auf den vier Existenz-Ebenen repräsentieren:

- **JOD**: entspricht AZILUT und steht für den Samen, den Keim aller Dinge, den Vater, die Potentialität (die Möglichkeit, die zur Wirklichkeit werden kann).

- **HE**: entspricht BRIAH und symbolisiert den Ort, an dem sich JOD entwickeln kann, die Mutter, das günstige Milieu.

- **WAW**: entspricht JEZIRAH und meint die Frucht der Handlung zwischen JOD und HE, der Sohn.

- **HE**: entspricht ASSIA und steht für den Kern der Frucht, den neuen Samen, dank dessen ein neuer Zyklus beginnen kann.

Die vier durch den göttlichen Namen symbolisierten Evolutionsstadien können auf alle Schöpfungen des Makrokosmos und Mikrokosmos angewendet werden.

Der Tag läßt sich in vier Zeitabschnitte einteilen:

- **JOD**: Von 0 Uhr bis 6 Uhr
- **HE**: Von 6 Uhr bis 12 Uhr
- **WAW**: Von 12 Uhr bis 18 Uhr
- **HE**: Von 18 Uhr bis 24 Uhr

Die vier Jahreszeiten stehen ebenfalls für vier Entwicklungsstadien:

- **JOD**: Frühling
- **HE**: Sommer
- **WAW**: Herbst
- **HE**: Winter

Nach diesem Verfahren kann auch der Verlauf eines Menschenlebens eingeteilt werden:

- **JOD**: 0 bis 21 Jahre
- **HE**: 21 bis 42 Jahre
- **WAW**: 42 bis 63 Jahre
- **HE**: ab dem 63. Lebensjahr

Wenn wir einen Verein oder ein Geschäft ins Leben rufen oder etwas anderes beginnen wollen, das auf Dauer und Beständigkeit angelegt ist, müssen wir diese vier Entwicklungsstadien beachten:

- **JOD:** eine Idee entwickeln

- **HE:** den Ort finden, an dem diese Idee verwirklicht werden kann

- **WAW:** die Früchte ernten

- **HE:** sich nicht mit den Früchten zufriedengeben, nicht starr werden, sondern den Kern, die Erfahrung der Ernte dieser Tätigkeit nutzen, um mit einer neuen zu beginnen

Im übrigen ist der Zahlenwert des Namens Gottes leicht auszurechnen:

YOD :	10
HE :	5
WAW :	6
HE :	5
Ergebnis:	**26**

Die Handschrift Gottes

Die Kabbalisten sind sich bewußt, daß Gott die Botschaften, die er den Menschen schickt, gelegentlich mit seinem Namen unterzeichnet. Ein Beispiel sei die Tragödie von Tschernobyl:

- Die ersten Ereignisse geschahen am **26.** eines Monats,

- zum Zeitpunkt der Tragödie gab es 208 Arbeiter im Werk **(26 x 8)**,

- der Zahlenwert von Tschernobyl im Hebräischen ist **26**.

Wir können daraus schließen, daß die Geschehnisse von Tschernobyl eine Warnung Gottes an die Menschen sind, was die Kernkraft und die

Gefahren, die sie mit sich bringen kann, betrifft. Solche, mit dem Tetragramm signierten Ereignisse sollten uns zum Nachdenken bringen über die Art, wie wir die menschlichen Geschäfte führen und mit den Dingen umgehen, die Gott uns anvertraut hat.

14
Kabbala
und Reinkarnation

Weder dem Judentum noch dem Christentum ist der Begriff der Reinkarnation unbekannt. Erst beim Konzil von Nikäa im 4. Jahrhundert hat die katholische Kirche die Existenz der Reinkarnation klar und deutlich verleugnet. Dennoch glauben seit Jahrtausenden zahlreiche Menschen an eine Ordnung des Lebens, die in Inkarnationszyklen abläuft...
Berichte von Nah-Tod-Erlebnissen wie auch Rückführungen in frühere Leben unterstützen in der letzten Zeit die These der Reinkarnation. In Frankreich haben Patrick Drouot und viele andere Tausende von Erlebnissen dieser Art gehabt, die die Realität der Reinkarnation bestätigen. Diese Tatsachen sollten uns zumindest bewegen, Menschen, die diese Überzeugung leben, weniger kritisch oder ironisch zu behandeln...
Auch für die Kabbalisten ist die Reinkarnation Gewißheit, die sie in Werken beschreiben, in denen es um den Gilgoul geht - das Rad oder den Zyklus des Lebens.

Die Gilgoul-Theorie

Nach der Gilgoul-Theorie reinkarniert der Mensch mehrfach, um sich zu vervollkommnen, indem er sich der Lektionen der früheren Leben bedient. Das Ziel am Ende dieser Lebenszyklen ist „Vollkommenheit", um wieder in das Licht Gottes eintreten zu dürfen, dem jedes menschliche Leben entstammt. Ähnelt dies nicht sehr den buddhistischen Theorien?
Die Kabbalisten haben außerdem die Theorie der „Synchronizität" beschrieben, die oft im Zusammenhang mit der Reinkarnation erwähnt wird: In einem bestimmten Augenblick seiner Existenz kann ein Mensch einen anderen treffen, der ihm vorbestimmt ist und mit dem er ein Stück seines Weges gemeinsam geht, damit sie sich gegenseitig helfen, sich durch alltägliche Prüfungen zu verwirklichen. Haben Sie noch nie das seltsame Gefühl gehabt, diesen oder jenen Menschen auf Ihrem Weg schon gekannt zu haben?
Warum sollten die Vertreter und die Gegner der Reinkarnation nicht beide einen Teil der Wahrheit für sich beanspruchen können? Weil nur den Anhängern der These, die eine einzige Existenz auf Erden und die

Einhaltung der Gebote Mose, Jesu oder anderer Propheten predigen, der Zugang zum „Paradies" vorbehalten ist? Warum sollten die Menschen, die keinen Zugang dazu haben oder diese Gebote nicht beachten, keine neue Chance bekommen? Wäre dies ein Widerspruch zu der Botschaft der Liebe, die durch das Göttliche zum Ausdruck kommt?

Kann man sich nicht vorstellen, daß bestimmte Menschen erneut inkarnieren, um ihre „Fehler" wiedergutzumachen - Gesetz des Karma - oder um der Menschheit zu helfen, Tikkoun - die Erlösung - zu erhalten, durch die sie dann wieder Zugang zum Plan des Göttlichen finden?

So würden die kostbaren „zerbrochen Gefäße" der Theorie des Kabbalisten Louria wieder heil werden, und die Energie des Göttlichen könnte wieder frei in jedem von uns fließen.

15
Die Kabbala und die Sekten

Die Kabbala hat messianische Bewegungen beträchtlichen Ausmaßes erlebt. Im Lauf der Geschichte haben in ganz Europa Tausende von Menschen alles aufgegeben, um den zahlreichen Pseudo-Erlösern zu folgen. Selbst nach dem Abfall vom Glauben einiger ihrer Vertreter - so Jacob Franck (18. Jahrhundert), der zum Christentum, und Shabbatai Tsevi (17. Jahrhundert), der zum Islam übergetreten ist - haben diese Bewegungen überlebt, manchmal bis in unsere Tage. Zahlreiche Kabbalisten haben zu ihrer Zeit messianische Bewegungen angeprangert und verurteilt.

Die Erfahrungen der Kabbalisten

Die Kabbalisten, denen diese Bewegungen bekannt sind, kennen die Gefahren und die Tragödien, die dadurch entstehen, und die Mechanismen der Sekten, und auch die Schwierigkeiten ihrer Schüler, wenn sie entkommen wollen, sind ihnen durchaus bewußt.
Die Führer - die „Gurus" - der Sekten verwenden bei der Rekrutierung ihrer Adepten eine stereotype Sprache. Diese Sprache basiert auf einigen Schlüsselideen, die zahlreichen Sekten unserer Tage gemeinsam sind:

• Sie halten eine apokalyptische Rede und sehen das nahe Ende unserer Welt und das Überleben einer „elitären" Minderheit voraus.

• Sie gründen sich auf die Theorie der Reinkarnation, um ihre Adepten glauben zu machen, daß sie dazu bestimmt sind, sich in diesem Leben zu begegnen, um eine gemeinsame Mission zu erfüllen.

• Ihre Bewegung ist selbstverständlich nur einer spirituellen Elite vorbehalten, deren Bewußtseinsniveau dem Stand der restlichen Bevölkerung überlegen ist.

• Sie haben in ihren Reihen mindestens ein Medium, das Botschaften „spiritueller Führer" empfängt, die für die Gruppe bestimmt sind, und Direktiven gibt, denen zu folgen ist.

- Um die Gruppe zusammenzuschweißen, überzeugt der Guru diese von der Existenz eines gemeinsamen Feindes, Träger negativer Energien, der den Mitgliedern Unglück bringt. Um diesem begegnen zu können, sind die Adepten gehalten, das Geheimnis zu wahren, damit keine Information dem „Feind" Vorteile bringt.

- Um den Bedürfnissen der Gruppe gerecht zu werden, müssen immer größere Beiträge von den Sektenmitgliedern aufgebracht werden.

Die Antwort der Kabbalisten

Die Kabbalisten haben seit jeher mit allem Nachdruck bekräftigt, daß der „Meister", der die Kabbala lehrt, für seinen eigenen materiellen Bedarf aufkommen muß und in keinem Fall finanziell von seinen Schülern abhängig sein darf. Dieses Verhalten sagt sehr viel über die Beziehung zwischen Meister und Schüler aus.
Die Zugehörigkeit zu einer Sekte schafft eine Abhängigkeit, aus der man sich nur sehr schwer befreien kann ... Hier kann die energetische Therapie neben anderen Therapien eingesetzt werden. Ziel der Kabbala ist es, den freien Willen, die eigene Identität und die persönliche Verwirklichung zu entwickeln - alles unerläßliche Voraussetzungen, um eine ausreichende Motivation zu schaffen.
Dies gilt genauso, wenn es darum geht, sich aus der Abhängigkeit von Drogen, Alkohol, Zigaretten zu befreien...
Die Beschäftigung mit der Kabbala stärkt den freien Willen - Symbol der Freiheit und der Unabhängigkeit von einer Ideologie, einer Sekte oder einem anderen Mechanismus, der zur Selbstzerstörung der menschlichen Persönlichkeit führt - Gefahren, denen der moderne Mensch zweifellos stärker ausgesetzt ist als seine Vorfahren.

Konklusion

Für die Kabbalisten ist die Bibel nicht nur eine Sammlung historischer Ereignisse aus einer Zeit, die Tausende von Jahren zurückliegt. Sie ist vor allem die Summe innerer spiritueller Erfahrungen, die jeder von uns auf seine eigene Art und Weise machen kann.

Wir haben die Chance, im Laufe unseres Lebens die sechs Tage der Genesis, den Kampf Jakobs mit dem Engel, die zehn Plagen Ägyptens, den Exodus, die Durchquerung der Wüste ... zu erleben - in unserem Inneren.

Auf unserem Weg durch den Alltag mit all seinen Freuden, Prüfungen und Hindernissen stehen uns die Energien der Schutzengel zur Seite bei dem Versuch, das versprochene Land, das himmlische Jerusalem, zu erreichen.

Die Fortschritte in der modernen Medizin, mit denen unsere physischen Leiden gelindert werden, sind bemerkenswert - aber reicht das? Den alten Kabbalisten auf der Spur, haben Sigmund Freud und Carl Gustav Jung neue Wege der Psychotherapie eingeschlagen.

Lassen Sie uns also versuchen, die modernen Praktiken mit der Weisheit der Alten zu verbinden, um bewußte, rechtschaffene und lichtvolle Wesen zu werden.

Möge Ihnen dieses Buch dabei helfen!

Nachwort

von Dr. Wighard Strehlow

In diesem Buch beschreibt Dr. med Jean-Marie Paffenhoff die Heilkräfte der 72 Schutzengel aus der jüdisch-christlichen Tradition, wie man sie bereits im Alten Testament verschlüsselt findet. Auf einfache Art und Weise kann der Leser seine eigenen drei Schutzengel für die körperlichen, emotionellen und spirituellen Belange und Not-Wendigkeiten in seinem Leben herausfinden, um mit ihnen zu kommunizieren. Es handelt sich bei diesen Engelskräften um die bei Hildegard von Bingen beschriebene himmlische, leuchtende Materia (lucida materia), die in die irdische Materie einzieht, um die ganze Schöpfung in Bewegung zu bringen (turbulenta materia) Jeder einzelne Engel wird ausführlich beschrieben mit seinen charakteristischen Eigenschaften und Kräften, wie sie sich in Farben und Düften und Botschaften manifestieren.

In gleicher Weise beschreibt der Autor die einzelnen hebräischen Buchstaben und ihre Heilkräfte. Der Autor entschlüsselt uns die wunderbaren Geheimnisse der Handschrift Gottes, Buchstabe für Buchstabe aus den ersten fünf Büchern Moses. Durch Studien israelischer Wissenschaftler mit Hilfe des Computers gelangen wir zu erstaunlichen historischen Voraussagen, die hinter dem hebräischen Buchstaben stecken: Penicillin, AIDS, Pasteur, die französische Revolution, Hitler, der 2. Weltkrieg und der Golfkrieg.

Das Buch öffnet unsere inneren Augen für den Bauplan des Universums und den Ablauf der Geschichte und unseres persönlichen Heils- und Heilungsplanes mit Hilfe der Engel und der hebräischen Buchstaben der Bibel.

Glossar

ABOULAFIA: Kabbalist und Philosoph spanischen Ursprungs (1240 - 1291 oder 92). Führer des prophetischen Zweigs der Kabbala.

ADAM KADMON: „Der vollkommene Mensch", der ursprüngliche Mensch der Schöpfung, des Universums. Wir alle tragen die Struktur dieses Archetypen in uns.

AIN: Erster Schleier der negativen Existenz, die Gott vor Seiner Manifestation symbolisiert: das Nichts.

AIN SOPH: Zweiter Schleier der negativen Existenz, die Gott vor Seiner Manifestation symbolisiert: das Unbegrenzte, das Unendliche, der verborgene, transzendente Gott, der alle Formen des Universums geschaffen hat.

AIN SOPH AUR: Dritter Schleier der negativen Existenz, die Gott vor Seiner Manifestation symbolisiert: das endlose, grenzenlose Licht. Unterhalb dieses Schleiers kann sich die göttliche Energie auf einen einzigen Punkt in der Welt von Keter konzentrieren, der ersten Sefira.

ASCHKENASIM: Die Juden in Mittel- und Osteuropa mit eigener Tradition und Sprache.

ASSIA: Die Aktion, die vierte Welt der Kabbala.

AZILUT: Die Emanation, die erste Welt der Kabbala.

BAUM DES LEBENS: Die symbolische Beschreibung des Lebens, das die Manifestierungen des Göttlichen, das Universum, den Archetyp Mensch und das menschlichen Wesen mit einschließt. Der Baum des Lebens ist eine klare und ökonomische Symbolisierung der Verbindungen, die alle diese Aspekte des Lebens vereinen.

BINAH: Die dritte Sefira, die Intelligenz.

BRIAH: Die Schöpfung, die zweite Welt der Kabbala.

CHASSIDIM: Die „Frommen". Anhänger der im 18. Jahrhundert enstandenen religiösen Bewegung des osteuropäischen Judentums, die der starren Gesetzeslehre eine lebendige Frömmigkeit entgegensetzt.

CHOKHMAH: Die zweite Sefira, die göttliche Liebe.

GEBURAH: Die fünfte Sefirah, die Stärke.

GILGOUL: Das Rad, die Reinkarnation.

GUEMATRIA: Numerologiesystem, das bei der Auslegung der Bibel verwendet wird.

HESED: Die vierte Sefira, die Barmherzigkeit.

HOD: Die achte Sefira, die Güte.

JESOD: Die neunte Sefira, das Fundament.

KAWANAH: Die geistige Konzentration, die erforderliche Absicht, um die Welten des höheren Bewußtseins zu erreichen.

KETER: Die erste Sefira, die Krone.

KOSMOGONIE: Wissenschaft, die die Erschaffung des Universums und die Entstehung der Planeten, der Sterne, der Galaxien etc. untersucht.

MALKHUT: Die zehnte Sefira, das Königreich.

NEZACH: Die siebte Sefira, der Glanz.

NOTARIKON: Technik der Wortbildung, bei der Buchstaben aus den Initialen anderer Worte zu neuen Begriffen zusammengesetzt werden.

PSYCHOMETRIE: In der Parapsychologie das Verfahren, durch Kontakt mit einem Gegenstand Aussagen über dessen Besitzer zu machen.

SEFARADES: Die Juden Spaniens, mediterranen oder orientalischen Ursprungs.

SEFIROT: Plural von Sefira.

SEFIRA: Numerierung, Sphäre, über die sich das Licht des Schöpfers manifestiert.

SHEKINAH: Der weibliche Aspekt der Gottheit, sie teilt das Exil Israels und wird identifiziert durch die zehnte Sefira.

SOHAR: Grundlegendes mystisches Werk der jüdischen Kabbala, geschrieben zwischen 1270 und 1300 von Moses von Leon.

TALMUD: Die schriftliche Form des mündlichen Gesetzes.

TETRAGRAMM: Die vier hebräischen Buchstaben - Jod He Vau He -, die den göttlichen Namen symbolisieren, den die alten Juden nicht aussprechen durften.

TIKKOUN: Die Wiederherstellung, die Wiederschaffung der ursprünglichen Ordnung, die durch die Sünde von Adam zerstört wurde. Jede menschliche Handlung fördert oder behindert diesen Prozeß der Erlösung.

TIFERET: Die sechste Sefira, die Schönheit.

TORA: Die fünf ersten Bücher der Bibel, die man auch „Pentateuch" nennt.

TSEROUF: Kombination und Vokalisation hebräischer Buchstaben.

TSIMTSOUM: Kontraktion, Rückzug vom Göttlichen, um die Manifestation zu ermöglichen.

Bibliographie

Abecassus Armand: *La Mystique du Talmud* (Die Mystik des Talmud). Encyclopédie juive. Editions Berg International.

Anges (Engel): Editions Pierre Tisne, Paris.

Aivanhov O.M.: *Les Fruits de l'Arbre de Vie* (Die Früchte des Lebensbaums). Prosveta.

Ambelain R.: *La Kabbale pratique* (Die praktische Kabbala). Editions Bussière.

Bach, Richard: *Die Möwe Jonathan.* Ullstein.

Berg Philippe, Dr.: *Les Secrets kabbalistiques de la vie et de la réincarnation* (Die kabbalistischen Geheimnisse des Lebens und der Reinkarnation). Ari Zal Editions.

Boaz J.: *L'Arbre de Vie* (Der Lebensbaum). Editions Ediru.

Breyer Jacques: *Terre-Oméga* (Erde-Omega). Editeur Ergonia.

Burnham Sophy: *Die Nähe deiner Engel.* Walter.

Casaril G.: *Rabbi Simeon bar Yochai.* Editions du Seuil.

Cassagne Brouquet S.: *Les Anges et les démons* (Die Engel und die Dämonen). Editions du Rouergue.

Clement C.: *Saint Bernard* (Der heilige Bernhard). Editions Sorlot-Lanore.

Denning M. und Osborne P.: *Introduction à la Kabbale mystique* (Einführung in die mystische Kabbala). Editions Sand.

Der Sohar: Das Buch der Kabbala. Diederich.

Drouot Patrick: *Nous sommes tous immortels* (Wir sind alle unsterblich). Editions Presses Pocket.
Eadie J. Berry: *Licht am Ende des Lebens.* Knaur.

Fix Roger: *L'Amour, clé du bien (être)* (Liebe - Schlüssel zum Wohlbefinden). Editions du Rocher.

Fortune D.; *Die mystische Kabbala*. Bauer.

Futthark R.: *La Kabbala: une nouvelle interprétation* (Die Kabbala - eine neue Interpretation). Editions de Vecchi.

Gabriel: *Traité de l'heure dans le monde* (Abhandlung über die irdische Zeit). Editions de la Grande Conjonction.

Gascon R.: *L'Invocation des 72 génies de la Kabbale* (Die Anrufung der 72 Engel der Kabbala). Editions de Vecchi.

Gautier E.: *Les messages du rêve* (Die Botschaften des Traums). Editions Jacques Grancher.

Gorny L.: *La Kabbala - Kabbale juive et cabale chrétienne* (Die Kabbala - Die jüdische Kabbala und die christliche Kabbala). Editions Belfond.

Grad A.D.: *Pour comprendre la Kabbala* (Die Kabbala verstehen). Editions Dervy.

Grad A.D. *Initiation à la Kabbale hébraique* (Einweihung in die hebräische Kabbala). Editions du Rocher.

Grad A.D.: *Le livre des principes kabbalistiques* (Das Buch über die kabbalistischen Grundsätze). Editions du Rocher.

Halevi, Z'er ben Shimon: *Lebensbaum und Kabbala*. Heyne.

Haven Marc, Dr.: *Le Tarot, l'alphabet hébraique et les nombres* (Der Tarot, das hebräische Alphabet und die Zahlen). Editions Montorgueil.

Haziel: *Les Anges planétaires* (Die planetarischen Engel). Editions Bussière.

Haziel: *Les Anges, possibilités, capacités et pouvoirs conférés par les anges. Astrologie et haute cabale* (Die Engel - Möglichkeiten, Fähigkeiten und Kraft durch die Engel. Astrologie und Kabbala). Editions Bussière.

Haziel: *Gebete für Gesundheit und Heilung*. Bauer.

Hark Helmut: *Heilkräfte im Lebensbaum*. Goldmann.

Hendel Max: *Cosmogonie des Rose-Croix* (Die Kosmogonie der Rosenkreuzer). Editions La Maison Roscrucienne.

Hochmah: *Les Cahiers d'études* (Chokhmah: Studienhefte). Sod Admamantha. 13444 Marseille.

Jovanovic Pierre: *Enquête sur l'existence des Anges* (Untersuchung über die Existenz der Engel). Editions Filipacchi.

Kabaleb: *Einweihung in die Mystik des göttlichen Werkes*. Knaur.

Knight G,: *Guide pratique du symbolisme de la Qabal - tomes I et II*. (Praktischer Führer zum Symbolismus der Kabbala - Band I und II). Editions Ediru.

Lebrun Maguy: *Médecins du ciel, médecins de la terre* (Ärzte des Himmels, Ärzte der Erde). Editions Robert Laffont.-

Lenain: *La Science cabalistique* (Die kabbalistische Wissenschaft). Editions Traditionelles.

Love J.: *Die Quantengötter*. rororo.

Mc Lean Penny: *Alltag mit Schutzengeln*. Erd.

Mercier M.: *Le Livre de l'ange* (Das Buch der Engel). Editions Seghers.

Miskaki Paul: *L'Expérience de l'après vie* (Die Erfahrung des Jenseits). Editions Laffont.

Moody Raymond: *Leben nach dem Tod*. Rowohlt.

Mopsik C.: *La Cabale* (Die Kabbala). Editions Jacques Grancher.

Dr. Murphy J.: *Die Macht Ihres Unterbewußtseins*. Ariston.

M.A. Ouaknin: *Tsimtsoum*. Editions Albin Michel.

Papus (Pseudonym für Dr. Gérard Encausse): *Die Kabbala*. Fourier.

Payeur C. R.: *Les Guides de lumière* - tomes I, II, III (Die Führer des Lichts - Band I, II und III). Editions de l'Aigle.

Scholem Gershom G.: *Zur Kabbala und ihrer Symbolik*. Suhrkamp.

Saadya Gaon: *Commentaire sur le Sefer Yetsira* (Kommentar zur Sefira Jezirah). Editions Payot.

Schure Edouard: *L'Evolution divine du sphinx au christ* (Die göttliche Evolution von der Sphinx bis Christus). Editions du Rocher.

Serouya H.: *La Kabbale* (Die Kabbala). Editions Grasset.

Serres Michel: *Die Legende der Engel.* Insel.

Souzenelle Annick (de): *Le Symbolisme du corps humain.* (Der Symbolismus des menschlichen Körpers). Collection "Espaces libres" (Kollektion "Freiräume"). Editions Albin Michel.

Souzenelle Annick (de): *La lettre, chemin de vie* (Der Buchstable als Lebensweg). Collection "Spiritualité vivante" (Kollektion "Lebendige Spiritualität"). Editions Albin Michel.

Steiner Rudolf: *Die Geheimwissenschaft im Umriß.* Steiner.

Steiner Rudolf: *Der Tod als Lebenswandlung.* Steiner.

Tishby Isaie: *La Kabbale "Anthologie du Zohar"* (Die Kabbala "Anthologie des Sohar"). Encyclopédie juive. Editions Berg International.

Tryon-Montalembert R. de: *La Cabbale et la tradition judaique* (Die Kabbala und die jüdische Tradition).
Virya Vedhyas: *Lumières sur la Kabbale* (Licht auf die Kabbala). Editions Jeanne Laffite.

Virya Vedhyas: *Kabbale et destinée* (Kabbala und Schicksal). Editions Présence.

Virya Vedhyas: *Kabbale extatique et Tserouf: "Techniques de méditions des anciens Kabbalistes"* Ekstatische Kabbala und Tserouf: Meditationstechniken der alten Kabbalisten). Editions G. Lahy.

Virya Vedhyas: *Vie mystique et Kabbale pratique* (Mystisches Leben und praktische Kabbala). Editions Lahy.

Virya Vedhyas: *Spiritualité de la Kabbale* (Die Spiritualität der Kabbala). Editions Présence.

Über den Autor

Dr. Jean-Marie Paffenhoff, 1950 im Elsaß geboren, ist in Frankreich praktizierender Arzt für energetische Medizin, Homöopathie, Kräuterheilkunde und Akupunktur. Seit einigen Jahren widmet sich der Autor dem Studium der jüdisch-christlichen Traditionen, insbesondere unter den esoterischen und spirituellen Aspekten. Er schrieb ein weiteres Buch über die Kabbala („Gesundheit durch die Geheimnisse der Kabbala"). Seine Bücher wurden in Frankreich erfolgreich veröffentlicht.

Danksagung

Der Autor dankt von ganzem Herzen:

Monique, die bei diesem Buch Schritt für Schritt von der Idee bis zur Realisierung mitgewirkt hat;

Geneviève für die Kalligraphie der hebräischen Buchstaben für die Meditation;

Guy Mourot und Jean Costes für ihre Unterstützung;

Charles-Raphael Payeur und Vedhyas Virya für ihr Engagement um das Bekanntmachen der Kabbala;

Jean-Paul Marx, seinem Lehrer für hebräische Sprache;

Alfred Spaety, der mit den Zeichnungen der Engel zu diesem Werk beigetragen hat;

Elisabeth für ihre Mitwirkung bei der Korrektur;

Mara Ordemann für die deutsche Übersetzung;

Suzanne Goldstein, Ehrenvorsitzende der Zeitschrift „Heimat";

Céline, Nicolas, Sebastian;
seinen Freunden;
seinen Schutzengeln...

Isha und Mark Lerner

Tarot für das Innere Kind

Eine Reise in die Welt der Märchen

Das Tarot ist ein Wahrsagesystem, mit den Motiven so bekannter Märchen wie Dornröschen, Alice im Wunderland und Peter Pan, das das Kind in uns wiedererweckt.
Ein Abenteuer voller Zauber und Phantasie. Die Bilder und Geschichten der Kinder werden zu einem faszinierenden Führer für die Reise nach innen und bilden eine Brücke zwischen dem Bilderreich der Kindheit und den Möglichkeiten der Welt der Erwachsenen.

ISBN 3-931 652-16-5
78 farbige Karten, 10 x 16 cm,
Handbuch mit 304 Seiten
DM 66,00

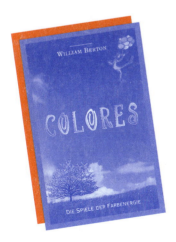

William Berton

Colores

Dieses Kartenset mit 78 Farbkarten und einem Begleitbüchlein eröffnet uns spielerisch die lebendige und vielseitige Welt der Farben. Durch die Farbkarten erfahren wir alles über unsere Seele und Persönlichkeit, können Kontakt zu unserem Schutzengel aufnehmen und unsere persönliche Lebenssituation klären und verbessern. Sie werden staunen!

ISBN 3-923 781-89-X, 78
Farbkarten u. Anleitungsbuch
in fester Box, DM 45,00

Kurt Tepperwein

Dein spiritueller Check Up

Durch die Tests, die Tepperwein aus langjähriger Praxis heraus zusammengestellt hat, erfassen wir spontan unsere individuelle Situation mit unseren speziellen Fähigkeiten und Schwächen. Tepperwein benutzt in den Tests viele archetypische Bilder, durch die wir Zugang zum Unterbewußtsein bekommen.
Ein Buch für jeden, der mit einfachen und wirksamen Mitteln seine Mitmenschen und sich selbst besser und umfangreicher verstehen und erfahren möchte.

ISBN 3-931 652-20-3
broschiert, 160 Seiten, DM 19,80

Kurt Tepperwein

Dein Zahlenschlüssel

Der Autor macht uns mit der Essenz des uralten numerologischen Wissens vertraut. Durch einen Zahlenschlüssel erfahren wir Entscheidendes über unsere Fähigkeiten und Eigenschaften, die wir aus früheren Leben mitgebracht haben und über unseren „geheimen Persönlichkeitskern", die wir normalerweise nicht preisgeben. Wir erkennen den Sinn unseres Lebens und unsere Hauptcharaktereigenschaften. Wir haben die Möglichkeit, durch unseren Zahlenschlüssel unser Schicksal selbst zu gestalten und unsere Lebenssituation aktiv zu verbessern.

ISBN 3-931 652-19-X
broschiert, 136 Seiten, DM 19,80

ISBN 3-923 781-73-3
broschiert, 276 Seiten, DM 29,80

Dick Sutphen

Das Orakel in Dir

Dieses Buch gibt Ihnen auf alle möglichen Fragen eine direkte Antwort. Ihr »Höheres Selbst« oder Überbewußtsein offenbart Ihnen die für Sie richtigen Botschaften, indem Sie einfach das Buch »zufällig« auf einer Seite aufschlagen.
Sie können sich natürlich auch jeden Tag von den 250 Botschaften inspirieren lassen. Es werden lebensnahe spirituelle Wahrheiten vermittelt, die Ihnen in jeder Lebenssituation weiterhelfen.

ISBN 3-923 781-49-0
gebunden, 32 Seiten, DM 16,80

Hans Friedrich Werkmeister

Myrikos

Der Autor schildert die Freundschaft zwischen dem Schutzengel Myrikos und seiner Tochter Andrea. Sie sah ihren Schutzengel täglich und redete mit ihm. Auch ihr Vater durfte ihn bei Gelegenheit sehen.

Eine wahre spirituelle Erzählung für Kinder von 4 bis 100 Jahren, mit 8 Aquarellen von Elisabeth Grünwidl-Tobler.

ISBN 3-931 652-02-5
gebunden, 176 Seiten, DM 29,80

Marianne Dubois

Erwachen zur Freude

Die Autorin, die einen erstaunlichen Zugang zu einer Ebene hat, die jenseits unserer Dualität existiert, gibt Antworten auf Fragen, die jeden von uns ansprechen. Diese zeigen uns ungewöhnliche, wirkungsvolle und einfache Lösungen für unsere persönlichen existentiellen Probleme in allen Lebensbereichen auf.

Wir finden uns an einem inneren Ort wieder, wo uns Harmonie, Freude und Gelassenheit berühren und wir in der Lage sind, Liebe in den Mittelpunkt unseres Lebens zu stellen.

ISBN 3-923 781-85-7,
gebunden, 190 Seiten, DM 29,80

Heinrich R. Hrdlichka

Der Zufall und seine Gesetzmäßigkeit

Liebesbotschaften der Engel

Durch die Verbindung zu den Engelwesen, die uns liebe- und humorvoll zur Seite stehen, lernen wir, mit dem Alltag anders umzugehen, in negativen Ereignissen einen Sinn zu sehen, Leid anzunehmen und in Liebe umzuwandeln.

Dieses Buch führt zu unserer eigenen Intuition und macht uns deutlich, wie wir den Alltag für unseren Weg ins Licht nutzen und ihn bewußt, ohne Angst und in Liebe leben können.